# EXERCICES

DE

# DE COMPOSITION ET DE STYLE

Paris — Typographie Panckoucke, rue des Poitevins, 8 et 14.

# EXERCICES

DE

# COMPOSITION ET DE STYLE

OU

## SUJETS

DE DESCRIPTIONS, DE NARRATIONS
DE DIALOGUES ET DE DISCOURS

PAR TH.-H. BARRAU



PARIS

LIBRAIRIE DE L. HACHETTE ET C^ie

RUE PIERRE-SARRAZIN, N° 14

(Près de l'École de médecine)

1853

# AVERTISSEMENT.

L'accueil bienveillant que les professeurs des divers établissements d'instruction publique ont fait à ma méthode de composition et de style me fait espérer qu'ils recevront avec faveur ce nouvel ouvrage, qui est, en quelque sorte, le complément du premier.

J'ai choisi ces sujets d'exercices parmi ceux que j'ai donnés à traiter aux élèves de rhétorique pendant un enseignement qui a été de longue durée.

Sur la manière de faire usage de ces sujets, je n'ai point de conseils à donner aux professeurs : ils connaissent aussi bien et mieux que moi par quels moyens on parvient à éveiller chez les jeunes gens l'imagination et à la régler, et comment, tout en développant la sensibilité et le goût, on donne à la pensée de la justesse et au raisonnement de la vigueur.

C'est surtout pour un travail de cette nature qu'un excellent professeur est nécessaire aux élèves : tantôt en expliquant le sujet, tantôt en corrigeant le devoir, il fait passer en eux la chaleur qui l'anime lui-même ; sous l'inspiration de sa parole, leurs idées prennent du mouvement et de la couleur ; ils pensent d'abord par lui et ensuite par eux-mêmes, et, par une douce violence, il tire des profondeurs de ces jeunes âmes tous les trésors qu'elles recélaient à leur insu.

C'est là une belle et douce tâche : il n'en est point qui fasse goûter à un maître une satisfaction plus vive, surtout lorsqu'il sait donner à ce travail intellectuel une direction morale et faire tourner au profit de la vertu ce qui semblait ne devoir servir qu'aux progrès du talent. Or, cela est toujours possible quand on le veut bien.

Cette tendance morale qu'il faut donner aux travaux littéraires de la jeunesse est, en général, parfaitement comprise par les hommes qui participent à l'honneur de l'élever.

Mais pour que les jeunes gens puissent réussir dans ce genre de travail, il est nécessaire qu'ils y aient été préparés : sur ce point, j'ai deux mots à dire.

Pour préparer les élèves au travail de la composition et du style, il n'est pas de meilleur exercice que la traduction, soit écrite, soit orale ; c'est ce que l'on appelle dans les colléges *version* et *explication*.

Lorsqu'une préparation de ce genre n'a pas été possible, par exemple, dans les pensionnats de jeunes personnes et dans les établissements où l'enseignement n'a pas pour base l'étude des langues anciennes, le meilleur ou plutôt le seul moyen de préparer les élèves au travail de la composition, c'est de leur faire reproduire, de mémoire et par écrit, des textes choisis avec soin, et, autant que possible, très-variés. Voici en quoi ce travail consiste :

Le maître lit tout haut aux élèves un passage de quelque bon auteur : il le leur lit même deux fois, trois fois, s'il le juge utile. Puis les élèves, à qui il faut bien se garder de confier le texte, reproduisent de leur mieux, par écrit, ce qui leur a été lu.

Le fond des choses est seul resté dans leur mémoire ; quant à l'expression, c'est à eux de la trouver. Le maître ensuite corrige avec soin leur devoir. Enfin, il leur lit de nouveau ou même leur dicte le texte de l'auteur : la différence qu'ils reconnaissent entre ce texte et leur propre rédaction contribue beaucoup à former à la fois leur jugement et leur goût.

Cet exercice est sous tous les rapports excellent : il accoutume les élèves à retenir les choses et à les exprimer.

Les autres exercices qu'on a voulu substituer à

celui-là, plus commodes pour le maître, sont peu utiles à l'élève. Mettre de beaux vers en prose nécessairement mauvaise, et s'étudier ainsi à dire mal ce qu'un auteur a bien dit; traduire en français de nos jours quelque morceau de notre vieille langue que l'on ne comprend qu'à moitié, et par là se familiariser avec des tournures et des locutions incorrectes, à quoi tout cela est-il bon? à rien, si ce n'est peut-être à gâter le goût, et même quelquefois à fausser le jugement.

# SUJETS
# D'EXERCICES
## DE COMPOSITION ET DE STYLE.

## PREMIÈRE PARTIE.

## DESCRIPTIONS[1].

### 1. TABLEAU DU PRINTEMPS.

*Plan.*

Vous commencez par dire que les rigueurs de l'hiver ont cessé; vous développez cette pensée en traçant une énumération rapide.

Vous consacrez ensuite quelques lignes à chacun des objets suivants, et vous décrivez l'aspect qu'ils offrent au printemps :

Les eaux;

Les prés ;

Les arbres dans les jardins et dans les bois;

Les abeilles ;

Les troupeaux.

Vous terminez par les travaux des laboureurs et par les promenades des jeunes élèves.

1. Pour ne pas multiplier inutilement les divisions de ce recueil, nous avons placé sous ce titre *Descriptions* quelques exercices qui consistent, comme les sujets de description, à développer les pensées énoncées dans le plan.

### 2. LE VERGER.

*Plan:*

Que d'autres vantent les magnifiques jardins qui entourent les palais.

Peignez à grands traits les parcs et les jardins superbes.

Moi je préfère le verger attenant à la maison modeste où j'ai reçu le jour.

Faites la description d'un jardin agréable et modeste.

A l'extrémité de cette terrasse, mon père, me montrant le spectacle du ciel et de la nature, m'apprenait à admirer les œuvres de Dieu et à bénir son nom.

Ici quelques pensées pieuses.

Sous ce berceau de chèvrefeuille, il lisait avec moi Fénelon et La Fontaine.

Effet que produit sur l'âme d'un adolescent la lecture de ces deux écrivains.

Toujours ce lieu me sera cher.
Souvent je quitterai la ville pour venir y rêver.

---

### 3. TABLEAU DE LA FIN DE L'AUTOMNE.

*Plan.*

Les beaux jours ne sont plus. Combien le spectacle de la nature est changé! Les vignes, les bois, les champs, les prés, les parterres n'offrent plus le même aspect que dans la belle saison. Leur éclat renaîtra; mais quand les beaux jours de l'homme sont passés, c'est pour toujours : telle est la triste réflexion que me suggère le deuil de la nature. L'hiver approche. Bientôt il va étendre partout ses ravages. La campagne a perdu tous ses charmes ; je la fuis ; je retourne à la ville, où je braverai les rigueurs de l'hiver au sein de l'étude et de l'amitié.

Vous développerez successivement chacune des pensées qui sont énoncées brièvement dans le sujet.

Les champs, les prés, les vignes, les jardins, les bois, seront séparément caractérisés par l'aspect qu'ils offrent à la fin de novembre, contrastant avec l'aspect qu'offrait chacun de ces cinq objets au moment de son plus grand éclat.

---

### 4. TABLEAU D'UN INCENDIE A ROME.

*Plan.*

Le feu prend pendant la nuit dans la place de Saint-Pierre à côté du Vatican.

Tableau général de l'incendie.

Ici, c'est un jeune homme qui sauve son père ; là, une mère qui, du haut d'une terrasse, tend son enfant à son mari qui est en bas ; ailleurs, une femme couverte d'habits magnifiques qui se sauve avec ses deux petits enfants. Une foule immense se précipite sur la place, entre dans l'église de Saint-Pierre et en sort ; quatre soldats emportent sur des sabres croisés une femme évanouie. La fureur de l'incendie paraît redoubler. A une fenêtre du Vatican paraît le souverain pontife ; il prie et tout le peuple prie avec lui. Comme il prononçait les derniers mots de la prière, le vent cesse de souffler, la flamme s'éteint, le péril cesse.

Ce sujet n'est autre chose que la description d'un tableau de Raphaël, qui se voit à Rome au Vatican.

Raphaël Sanzio, le plus célèbre des peintres modernes, né à Urbin en 1483, mourut à Rome en 1520.

---

## 5. LE REPOS DES CHAMPS APRÈS LES OCCUPATIONS DE LA VILLE.

*Plan.*

Il s'agit de peindre le plaisir qu'on éprouve à oublier, pendant un jour à la campagne, les occupations et les inquiétudes de la ville.

On peut considérer le sujet sous un point de vue général.

On peut le considérer sous divers rapports particuliers et conduire successivement à la campagne le magistrat, le commerçant, le militaire, l'écolier.

Ou enfin, un seul de ces personnages peut décrire dans un monologue l'emploi de sa journée champêtre.

---

## 6. VISITE AU VILLAGE NATAL.

*Plan.*

Après une longue absence, vous visitez le village où vous êtes né et où votre enfance s'est écoulée, mais où votre famille ne réside plus.

Les abords du village, les vergers qui l'entourent, le ruisseau qui l'arrose, le riant paysage qu'il domine;

La maison, entourée de jardins, qu'habitait votre famille ;

L'église où vous avez fait votre première communion;

Le presbytère, et le souvenir des vertus de l'homme de Dieu qui y résidait;

L'école où vous avez commencé vos études et dont le préau a été témoin de vos jeux;

Excitent tour à tour en vous la plus vive émotion,

et sont pour vous une source féconde de sentiments et de tableaux.

Vous rencontrez un ancien ami de votre enfance et vous acceptez l'hospitalité sous son toit modeste.

Si l'on veut traiter ce sujet avec quelque étendue, on peut le diviser en deux parties, et traiter d'abord les trois premiers alinéa, puis les autres.

---

### 7. LA PRIÈRE.

*Plan.*

Le soleil se couche, la lune paraît.

C'est l'heure où la nature semble offrir à Dieu son hommage.

Le monde entier est le temple consacré à la prière.

La terre est l'autel, le ciel est le dôme, les étoiles sont les flambeaux, les nuages sont l'encens.

Mais ce temple est muet. Qui chantera l'hymne sacrée? C'est moi. Mon intelligence s'élève à Dieu et donne une voix à la nature, et l'Éternel daigne m'écouter.

---

### 8. LE JARDIN ANGLAIS.

*Plan.*

On développera avec détail les particularités suivantes :

Un homme, nouvellement enrichi, regarde avec dédain les jardins et les domaines de ses voisins ; il veut créer des merveilles ; il veut, à force d'art, surpasser la nature.

Il entoure de murs un terrain immense qui, jusque-là, avait donné de riches moissons ; il le bouleverse ; il en bannit le blé, l'avoine, les autres cultures utiles; il y sème des gazons anglais, il y plante une multitude d'arbres exotiques.

Ici il veut imiter un désert : il y fait transporter des roches énormes et couvrir le sol de sable, de pierres.

Là il lui faut un site de Suisse : il élève et creuse le terrain, il fait des montagnes et des vallées.

Ailleurs il veut des ruines : il fait construire des édifices qui simulent un vieux château ruiné, une abbaye abandonnée.

Il veut une rivière, un torrent, des cascades : à l'aide d'une machine à vapeur, il fait arriver de l'eau dans son parc, et il creuse à cette eau des lits de ciment et de pierres.

Il réunit dans ce parc des édifices de toute sorte : temple grec, pagode indienne, tour chinoise en porcelaine, chaumière russe, laiterie suisse.

Il plante des arbres de la zone torride dans d'immenses cages de verre, et, non loin de là, il imite un paysage triste et glacé de la Sibérie.

Pendant ce temps-là, ses affaires se dérangent, cette dépense excessive le ruine : on saisit tout ce qu'il possède, le parc est revendu et partagé; et sur les débris de toutes ces merveilles, les paysans du village, plus sensés que lui, cultivent du blé et des choux.

---

## 9. LA NUIT.

*Plan.*

Dans un beau soir d'été, je m'éloignai du village. Insensiblement j'allai très-loin. Déjà il était nuit depuis longtemps, tout reposait dans la nature. Je m'arrêtai sur le bord d'un lac, puis je m'assis dans un bosquet.

Tableau.

Une voix vint frapper mon oreille.

A la clarté de la lune j'aperçus un vieillard.

Faites le portrait du vieillard.

Il priait :

« O Dieu! ma voix s'élève à toi au milieu du silence de la nuit. L'univers est ton temple. Comment des insensés ont-ils pu te méconnaître! Je te remercie de m'avoir fait naître dans les champs et de m'avoir prodigué tous les biens de la campagne. Veille toujours sur ma famille. »

---

### 10. AMOUR DU LIEU NATAL.

*Plan.*

J'ai vu l'Italie, qui est si belle.

Tableau, énumération.

J'ai vu les riches cités de l'Angleterre.

Peignez à grands traits l'aspect de ces magnifiques cités, pleines de richesses et de mouvement.

J'ai vu l'Helvétie, qui est si pittoresque.

Esquissez en peu de mots les paysages de la Suisse.

Et mon cœur n'est pas là!

Mais il y a dans une province reculée, dans un canton sauvage, bien peu fertile, presque sans eau, presque sans ombrage, un hameau....

Décrivez soit un hameau, soit un modeste domaine.

Et c'est là qu'est mon cœur.
Là s'est écoulée mon enfance.

Jeux et plaisirs de cet âge.

Là ma mère m'a donné les leçons de la religion, et mon père celles de l'honneur.

Développez.

# DEUXIÈME PARTIE.

## NARRATIONS.

### 11. LES DEUX POMMIERS.

*Sujet et plan.*

Un laboureur avait deux fils. A la naissance du second, il avait planté deux pommiers.

Lorsqu'ils furent en état de manier des outils, il donna à chacun d'eux un de ces pommiers.

Paroles du père ; recommandation.

L'aîné donne des soins assidus à son arbre.

Décrivez ces soins.

Son frère, au lieu d'imiter cet exemple, ne pense point à son arbre ; il perd son temps à mille divertissements frivoles.

Décrivez-les rapidement.

L'automne étant arrivé, le plus jeune voit l'arbre de son frère chargé de beaux fruits.

Décrivez en peu de mots.

Il court au sien ; il voit....

Racontez dans quel état était cet arbre négligé par son maître.

L'enfant se plaint à son père. Il a été, dit-il, « moins favorisé que son frère. Le pommier qui lui a été donné ne valait rien. »

Sage réponse du père, qui fait comprendre à cet étourdi quels sont sur les arbres, comme sur l'esprit des enfants, les effets de la culture et du travail.

---

### 12. LE PAUVRE ET SON CHIEN.

*Sujet et plan.*

Vous êtes allé à la promenade avec quelques-uns de vos jeunes amis.

Quelques détails.

Vous rencontrez un vieillard avec son chien; l'extérieur du vieillard est pauvre, mais très-respectable; le chien est plein de gentillesse.

Décrivez.

Le vieillard prie les jeunes gens de lui acheter son chien; il en demande cinq francs. Vous seul avez une pièce de cinq francs; vous la lui donnez.

Vous vous apercevez que le vieillard, au moment de vous livrer son chien, l'a baisé avec tristesse et qu'une larme roule dans ses yeux.

Vous lui demandez pourquoi il se sépare d'un animal auquel il paraît si attaché.

Le vieillard répond....

Vous imaginerez les circonstances : cinq francs lui sont nécessaires pour achever son voyage vers un lieu où sa famille et le bonheur l'attendent; il n'a pu se résoudre à mendier.

Vos camarades, vivement touchés, font entre eux une collecte qui produit cinq francs, et les font accepter au vieillard; vous, vous lui laissez vos cinq francs, et vous lui rendez son chien.

Vous et vos amis vous continuez ensuite gaîment votre promenade.

---

### 13. LES FLEURS FAVORITES.

*Sujet et plan.*

Par une belle matinée du printemps, trois enfants, Gustave, Alphonse, et leur sœur Alvina, se promènent dans la campagne.

Courte description : joie innocente de ces enfants, qui admirent et célèbrent la beauté de la nature et les bienfaits de Dieu.

Ils conviennent que chacun ira à la recherche de la fleur qu'il préfère, et qu'ils se réuniront ensuite sous un berceau avec leur butin.

Gustave arrive avec des violettes.

Éloge de la violette, qui est le symbole de la modestie.

Alphonse apporte un bouquet fait avec des lis des champs[1].

Éloge de cette fleur, qui est le symbole de l'innocence.

Alvina vient avec un bouquet de myosotis[2].

Éloge de cette fleur, qui est le symbole de la tendresse.

Les trois enfants font de ces fleurs unies ensemble deux guirlandes; et, de retour à la maison, ils en couronnent la tête de leurs parents.

Les enfants, par cet hommage, font comprendre qu'ils reconnaissent dans leurs parents la tendresse, la pureté du cœur

1. On entend par lis des champs la fleur vulgairement appelée *muguet*, qui croît abondamment dans les bois, qu'elle parfume de son odeur suave.

2. L'auteur dont a été tiré ce sujet entend ici par myosotis une charmante petite fleur bleue, qui se plaît au bord des eaux, et qu'on appelle en allemand *vergiss mein nicht*, et en français *souvenez-vous de moi*.

et la modestie, et expriment en quelque sorte la résolution d'imiter ces vertus.

---

### 14. LES DIAMANTS.

*Sujet et plan.*

Le calife Almanzor, continuellement flatté par trois favoris, commence à soupçonner que leurs louanges ne sont pas sincères.

Le hasard fait tomber entre ses mains un livre dans lequel quelques actes de son gouvernement étaient censurés avec une franchise respectueuse.

Ses favoris l'exhortent à punir Élaïm, auteur du livre.

Le calife réunit dans son palais les trois favoris et Élaïm; il leur ordonne de lui dire franchement ce qu'ils pensent de lui.

Rapportez ici les paroles emphatiques des trois courtisans qui exaltent le calife outre mesure et l'égalent presque à Dieu, et opposez à ce langage de l'adulation les paroles sages et respectueuses d'Élaïm, qui fait comprendre au calife qu'il n'est qu'un homme, sujet à l'erreur, et ayant sans cesse besoin de la protection de Dieu et des conseils des sages.

Le calife donne à chacun des courtisans un diamant magnifique; il embrasse Élaïm, et lui déclare qu'à l'avenir il sera son ami.

Le lendemain, les trois courtisans viennent avertir le calife que le joaillier qui lui a vendu les diamants l'a trompé : ils sont faux.

Le calife répond qu'il le savait : pour de fausses louanges il leur a donné de faux diamants. N'est-ce pas juste?

On appelait *califes* les successeurs de Mahomet; ils réunissaient le pouvoir temporel à l'autorité spirituelle, et gouvernaient avec une autorité absolue. Ils résidèrent quelque temps à la Mecque, puis à Damas, et définitivement à Bagdad, qui fut pendant cinq siècles la capitale de l'empire arabe.

Il y eut aussi des califes en Égypte, et à Cordoue en Espagne.

---

## 15. LES DEUX LUMIÈRES.

*Sujet et plan.*

Un jeune homme, après une longue absence, retournait à la maison paternelle. Il avait hâte d'arriver.

La nuit le surprend : il s'égare; il désire vivement un guide.

Tout à coup une lumière brille à ses yeux; il se félicite de cet heureux hasard, qui lui annonce la fin de sa course errante, et il se dirige vers la lumière.

Mais c'était un feu follet qui brillait sur des eaux stagnantes.

Il allait tomber dans l'eau lorsqu'un pêcheur qui se trouvait là sur sa nacelle l'avertit de s'arrêter.

Le feu follet s'éteint; le pêcheur accompagne le jeune homme jusqu'à une certaine distance et lui montre une lueur.

C'est la lueur de la maison paternelle. Le jeune homme se dirige vers cette lueur et arrive heureusement.

Il s'agit de développer, sans beaucoup d'étendûe, les divers incidents de ce récit.

Style simple, mais animé.

Outre le sens littéral, cette narration a encore un sens allégorique : un jeune homme ne marche avec sûreté qu'en suivant la direction où sa famille le guide.

---

### 16 et 17. BONTÉ ENVERS LES ANIMAUX RÉCOMPENSÉE PAR LES HOMMES.

*Sujet et plan.*

1re partie.

Un jeune paysan, probe, intelligent, laborieux, se dirigeait vers un château pour demander au maître à amodier une de ses fermes qui était vacante : c'était par une rude journée d'hiver.

Chemin faisant, il entend des cris plaintifs qui sortaient d'une carrière abandonnée : c'était un petit chien qui s'y était laissé tomber.

Le bon jeune homme descend dans la carrière, prend dans ses bras le pauvre animal, qui s'était cassé la patte, l'emporte, arrive au château, laisse le petit chien dans l'antichambre du maître et entre dans son cabinet.

Le propriétaire était un ancien marin dont le caractère était brusque et qui était alors de fort mauvaise humeur.

Il reçoit fort mal le jeune homme et lui refuse sa demande.

Dialogue vif et animé.

2e partie.

Le propriétaire, en repoussant brusquement le jeune paysan jusque dans l'antichambre, y trouve le chien. Il se fâche plus encore qu'auparavant ; le jeune homme s'excuse, et raconte comment et pourquoi il avait apporté jusqu'au château ce pauvre petit animal.

Récit propre à toucher le cœur du vieux marin.

Le vieux marin, malgré sa rudesse apparente, était loin d'être insensible ; le bon cœur du jeune paysan le touche.

Il l'interroge, l'écoute avec bienveillance, et finit par lui accorder sa demande.

---

### 18. IMOGÈNE.

*Sujet et plan.*

La jeune et tendre épouse de l'empereur Adolphe, Imogène, est en prières dans l'église d'un couvent, tandis que son époux livre bataille à Albert d'Autriche, qui lui disputait la couronne. Adolphe est tué dans le combat.

Imogène est avertie du fatal événement par le fidèle lévrier d'Adolphe, qui jamais n'avait quitté son maître, et qu'elle voit revenir seul, la tête basse et la gueule teinte de sang.

A cette vue, elle ne doute pas de son malheur, et, collant ses lèvres contre le marbre de l'autel, elle expire de douleur en priant Dieu pour son époux.

Cet événement a eu lieu en 1298.

Adolphe de Nassau avait été élu empereur après la mort de Rodolphe de Habsbourg. Albert d'Autriche, fils de Rodolphe, disputa la couronne au nouvel empereur, et marcha contre lui. Il vainquit et tua Adolphe, à Gelheim, non loin des bords du Rhin.

Albert fut violemment soupçonné de n'avoir pas tué Adolphe en combattant loyalement, mais de l'avoir assassiné. Il paraît que ces soupçons étaient fondés.

Plus tard, il fut assassiné par un de ses neveux.

---

### 19. SYMPATHIE PATERNELLE.

*Sujet et plan.*

Un vieillard, appartenant à la peuplade sauvage des Abenakis, regrettait sans cesse un fils unique qu'il avati perdu.

Dans un engagement entre les Abenakis et les troupes anglaises, le vieillard sauve la vie à un jeune Anglais, l'emmène dans sa cabane et l'adopte.

Mais il juge, d'après sa propre douleur, combien le père du jeune Anglais doit être malheureux de l'avoir perdu.

Au printemps suivant, il conduit le jeune homme à portée du camp des Anglais; il lui fait promettre de ne jamais porter les armes contre les Abenakis et lui rend la liberté, afin que son père cesse d'être malheureux.

Ce fait est arrivé pendant la guerre de sept ans (de 1756 à 1763).

Les Abenakis s'étaient alliés à la France contre les Anglais.

Les Abenakis et les Mohicans formaient la principale branche de la grande nation sauvage des Lennapes, disséminée dans l'Amérique du Nord à l'est des monts Alleghany.

---

### 20, 21 et 22. GASTON ET JACQUOT.

*Sujet et plan.*

1re partie.

Gaston de Florval, appartenant à des parents très-haut placés dans le monde, n'a encore que dix ans, et déjà il est orgueilleux et hautain à l'excès.

Décrivez les caprices et les insolences de cet enfant.

Un jour, sa nourrice vient le voir avec son fils Jacquot, frère de lait de Gaston; Gaston les repousse tous deux avec mépris.

Racontez cette scène avec détails.

2e partie.

Ce dernier trait ouvre les yeux à M. et Mme de Florval, jusque-là trop indulgents; ils tremblent que le cœur de leur fils ne se gâte; ils tentent, pour le corriger, une épreuve décisive.

Par leur ordre, la nourrice, qui s'entend avec eux, vient un jour se jeter à leurs pieds et s'accuser d'un grand crime : elle a, dit-elle, substitué son enfant au leur ; celui qu'on appelle Jacquot et qu'elle a gardé comme le sien est le véritable Gaston ; celui qu'on appelle Gaston n'est que Jacquot.

Décrivez l'effet que cette déclaration produit sur le jeune orgueilleux et la scène qui s'ensuit.

M. et Mme de Florval reçoivent Jacquot comme leur fils ; il prend la place et le nom de Gaston ; on rend Gaston, devenu Jacquot, à sa nourrice, qui l'emmène dans son village.

3e partie.

Voilà Gaston devenu un pauvre petit paysan ; il garde les moutons ; il reçoit de dures leçons des enfants envers qui il veut se montrer orgueilleux.

Détaillez quelques-uns des incidents de sa nouvelle position.

Le malheur produit dans ce cœur, qui n'était pas encore gâté, un changement salutaire.

Décrivez ce changement.

Gaston pleure toujours ses véritables parents ; mais il se montre docile envers ceux dont il croit être le fils, affectueux envers les enfants qu'il croit ses frères et sœurs, poli et obligeant envers tout le monde.

Au bout de quelque temps, le succès de l'épreuve est complet : M. et Mme de Florval viennent chercher leur fils et lui apprendre la vérité. Larmes de joie et de reconnaissance ; Gaston embrasse Jacquot et supplie ses parents de le faire élever avec lui et d'assurer son avenir.

### 23. L'HOMME PRIS PAR UN LIÈVRE.

*Sujet et plan.*

Décrivez le débordement de la Seine.

Dans une petite île que l'inondation a formée un lièvre se trouve emprisonné.

Un homme l'a aperçu ; il se réjouit de pouvoir faire une aussi facile capture. Dans une nacelle, il se dirige vers l'île.

Il aborde, il attache négligemment sa nacelle et cherche à prendre le lièvre.

L'animal, effrayé, saute dans la nacelle ; la secousse fait détacher la corde, le lièvre s'en va en bateau, et l'homme reste pris.

Vous terminerez ce récit amusant par l'incident qu'il vous plaira d'inventer.

---

### 24. L'ADOPTION.

*Sujet et plan.*

Un homme riche et généreux se charge d'un jeune orphelin, nommé Joseph.

Vous inventerez les circonstances dans lesquelles cet acte de bienfaisance s'accomplit ; vous décrirez les soins que cet homme de bien prodigua à l'enfance de Joseph, l'éducation qu'il lui donna, les heureux effets qui en résultèrent.

Joseph est devenu un jeune homme d'une profonde instruction et d'une haute capacité ; on lui a confié la direction d'une forge très-importante, avec un traitement très-considérable. Le propriétaire, s'étant attaché à lui, va lui donner la main de sa fille unique, que Joseph aime et qui aime Joseph. Grande réunion pour la signature du contrat. Au moment de signer, Joseph reçoit une lettre.

Dans cette lettre, on lui apprend que son bienfaiteur, ruiné par une banqueroute, affligé, malade, languit tristement dans une ville d'Amérique.

A cette nouvelle, Joseph abandonne tout ; il renonce à sa place, à la main de la jeune fille, à sa fortune, pour aller donner à son bienfaiteur ses secours et ses soins.

Décrivez les efforts inutiles qu'on fait pour le retenir, pour l'engager à se contenter d'envoyer de l'argent, etc.

Joseph part, mais il ne va pas loin : c'était une épreuve. Son bienfaiteur, qui l'attendait sur la route, le ramène, et l'adopte solennellement pour son fils.

---

## 25. LE JEUNE ORGUEILLEUX.

*Sujet et plan.*

Sur un navire qui faisait voile pour les Indes se trouvaient deux passagers, de seize à dix-sept ans.

L'un était un simple vannier, qui allait dans ce pays pour y exercer son industrie.

L'autre était envoyé de France, par sa famille, auprès d'un oncle fort riche dont la succession lui était promise.

Celui-ci se conduisait envers son compagnon avec beaucoup de hauteur et d'insolence, et ne laissait échapper aucune occasion de faire voir combien il se croyait au-dessus de lui.

Le jeune vannier n'opposait à ses insultes que la patience et la douceur.

Près du Cap de Bonne-Espérance, le vaisseau fait

naufrage ; les deux jeunes gens se sauvent à la nage et arrivent dans la ville.

Le jeune vannier, très-habile dans sa profession, trouve sur-le-champ de l'ouvrage.

Il gagne honorablement sa vie, et, aussi généreux qu'il avait été jusque-là patient et modeste, il partage le produit de son travail avec son orgueilleux compagnon, qui, sans lui, serait probablement mort de misère, car il ne reçut qu'au bout de six mois des nouvelles et des secours de son oncle.

Ainsi, l'orgueilleux fut puni et en même temps corrigé, et, grâce à la conduite de son jeune bienfaiteur, son cœur se rouvrit à tous les sentiments bienveillants et généreux.

Vous insisterez peu sur la description du naufrage. Ce qui fait le plus grand intérêt de cette narration c'est la leçon morale qu'elle contient. Or, cette leçon morale sera d'autant plus frappante, que vous aurez donné plus de développement aux deux caractères et que vous aurez peint d'une manière plus vive et plus animée la conduite des deux jeunes gens. Il y aura donc deux sortes de scènes : celles qui se passent sur le navire, celles qui se passent dans la ville. Tout en contrastant les unes avec les autres, elles devront, pour ainsi dire, se correspondre.

---

## 26. LE CHOIX D'UN VIZIR.

*Sujet et plan.*

Le calife Yesid veut nommer un vizir[1]. On lui vante les grands talents d'Abdallah. Le calife, qui ne connaissait pas cet homme, veut juger par lui-même s'il mérite sa confiance.

1. On appelle *vizirs* les ministres des souverains orientaux.

Il se déguise et se fait présenter à Abdallah comme un homme très-vertueux et très-pauvre; Abdallah ne daigne pas faire attention à lui.

Quelque temps après, il se revêt d'habits magnifiques et se fait de nouveau présenter à Abdallah. Abdallah a entendu dire par un courtisan à qui le calife a appris son rôle, que ce personnage, naguère si pauvre, est un homme infâme devenu tout à coup immensément riche par de mauvais moyens. Abdallah lui fait l'accueil le plus empressé.

Le calife, indigné, adresse à ce vil adorateur de la Fortune les plus vifs reproches et lui déclare qu'il ne sera jamais son ministre.

L'intérêt de cette narration consiste surtout dans le détail des deux entrevues du calife avec l'homme qu'on lui propose pour ministre : elles devront être développées de manière à faire parfaitement ressortir le caractère d'Abdallah.

---

### 27 et 28. FAUTE ET REPENTIR.

*Sujet et plan.*

1re partie.

Alexis, enfant très-heureusement élevé, donnait beaucoup de satisfaction à son père.

Il réussissait dans tout ce qu'on lui enseignait, particulièrement dans le dessin, il fit lui-même son portrait, qu'il donna à son père.

Malheureusement, à l'âge de dix-sept ans, il se laissa entraîner à la désobéissance, par un cousin un peu plus âgé que lui.

Inventez quelques circonstances propres à faire connaître les moyens à l'aide desquels un faux ami parvient à séduire celui à qui il feint de s'attacher.

Peignez les progrès d'Alexis dans le mal et les vains efforts de son père pour le corriger. Vous entrerez à ce sujet dans quelques détails.

Enfin, las des remontrances continuelles qu'il était obligé de subir, Alexis, avec l'aide de son cousin, s'enfuit de la maison paternelle.

2e partie.

Au bout de peu de temps, Alexis a honte de sa conduite.

Vous décrirez ses remords, ses agitations, ses craintes.

Enfin il prend la résolution de retourner auprès de son père.

Vous supposerez qu'il s'arrête un instant sur une colline d'où il découvre la maison paternelle; vous décrirez les divers sentiments qu'il éprouve à cette vue; un monologue pourra les exprimer.

Après avoir longtemps hésité entre la crainte et l'espoir, il arrive dans un moment où il savait que son père était absent; il entre dans la chambre où était son portrait fait par lui-même.

A l'aide d'un crayon, Alexis change quelques traits de ce dessin, et substitue à l'expression de la joie celle de la douleur et du repentir, puis il se cache dans une chambre voisine.

Le père arrive : à la vue de ce dessin ainsi changé, il devine le retour et le repentir de son fils.

Tableau de réconciliation.

### 29. LES DEUX SOUHAITS.

*Sujet et plan.*

Une sécheresse affreuse désole une riante contrée de la France.

Deux jeunes cultivateurs, conduisant leurs troupeaux, se rencontrent sur les limites de leurs héritages et se racontent mutuellement leurs malheurs.

Tout à coup un ange leur apparaît et promet de leur accorder toute l'eau qu'ils demanderont.

Daphnis demande un ruisseau qui ne déborde pas en hiver et ne tarisse pas en été : sur-le-champ son vœu est exaucé.

L'ambitieux Palémon demande que la Loire lui appartienne et coule sur ses terres.

L'ange n'ayant pas pu le persuader de se désister de sa demande, la lui accorde enfin.

La Loire roule ses flots impétueux sur le domaine de cet insensé ; elle entraîne ses prairies, entraîne sa maison, et l'entraîne lui-même.

Le sens de ce récit allégorique est facile à saisir : nous devons ne faire que des vœux modestes ; l'ambitieux trouve sa perte dans l'accomplissement même de ses désirs.

---

### 30. L'ENFANT PERDU.

*Sujet et plan.*

Un habitant de Damas, nommé Hussein, avait un enfant unique, nommé Ali, encore très-jeune, dont l'heureux naturel faisait tout le bonheur de son père.

Donnez quelques détails.

Un jour l'enfant se perd.

Dites par quel hasard. Décrivez en peu de mots la désolation du père et ses perquisitions inutiles.

Au bout de quelques années, il entreprend un voyage pour se distraire et se consoler.

Un jour, traversant seul à cheval un vaste désert, il y trouve une bourse remplie d'or.

Donnez quelques détails.

Quelques jours après, se trouvant avec quelques négociants dans une hôtellerie, il entend l'un d'eux se plaindre amèrement d'une perte qui compromet sa fortune. C'était le propriétaire de la bourse.

Mettez dans la bouche de ce négociant quelques paroles convenables à sa position; exprimez les sentiments que ces paroles inspirent à Hussein.

Hussein prie le négociant de venir dans une chambre converser secrètement avec lui.

Dites comment il s'y prend pour s'assurer que cet homme est véritablement le propriétaire de la bourse perdue.

Convaincu que la bourse est bien à lui, il la lui rend.

Joie et reconnaissance du négociant.

La conversation tombe sur les pertes que l'on peut éprouver : « Ah! dit Hussein, j'en ai fait une bien plus cruelle que n'était la vôtre! » Et il raconte au négociant son malheur.

Le négociant fait des questions à Hussein, et s'assure que l'enfant perdu n'est autre qu'un jeune esclave qu'on lui a vendu il y a peu de temps; il court le chercher et le rend à son père.

Décrivez la reconnaissance du père et du fils, et la joie de l'honnête négociant, heureux de reconnaître un bienfait par un bienfait plus grand.

Terminez par une réflexion suggérée par le sujet.

Dans l'Orient, l'exécrable habitude de vendre les hommes comme esclaves a existé de toute antiquité et existe encore. Ali, après s'être perdu, avait été vendu à un marchand d'esclaves, qui l'avait conduit dans le pays éloigné où le négociant l'avait acheté.

---

## 32. ANACRÉON.

*Sujet et plan.*

Pendant une belle soirée d'été, Anacréon était dans son jardin, sur le bord de la mer. Sur sa lyre repose sa fidèle colombe.

Un bruit extraordinaire se fait entendre. C'est le tyran Polycrate, admirateur et ami d'Anacréon ; il vient le chercher pour l'emmener à sa cour, où les plaisirs et les grandeurs l'attendent.

Anacréon refuse ; il ne veut pas échanger son indépendance et son doux loisir pour les chaînes dorées que lui offre l'amitié du tyran. Il aime mieux continuer de mêler sa voix et les sons de sa lyre au murmure des zéphyrs et au bruit des flots.

Anacréon, né à Téos, en Ionie, excellent poëte lyrique, a laissé des vers pleins de grâce et de délicatesse.

Une de ses plus agréables pièces est adressée à une colombe favorite qui mangeait dans sa main et dormait sur sa lyre.

S'étant établi dans l'île de Samos, il y jouit de toute la faveur de Polycrate.

Polycrate, de Samos, s'empara de la souveraine puissance dans cette île, et la conserva depuis l'an 535 jusqu'à l'an 524 avant J.-C. Il fut longtemps célèbre par sa prospérité et amassa de grands trésors.

On appelait *tyrans* les hommes qui s'étaient emparés du souverain pouvoir dans quelque ville grecque. Ce mot ne signifiait pas alors, comme aujourd'hui, un dominateur violent et injuste.

---

### 33. LA DISCRÉTION A L'ÉPREUVE.

*Sujet et plan.*

Un diplomate danois, le comte Éricson, était allé passer quelques jours à sa maison de campagne.

Le laboureur qui cultivait la ferme annexée à cette maison, avait un fils nommé André, âgé de quatorze ans, enfant élevé avec beaucoup de soin et plein d'heureuses qualités.

André trouve dans une allée entre le château et la ferme un papier sans suscription, qui contenait un secret d'une haute importance.

Vous ne direz pas quel est le secret; vous vous contenterez d'énoncer et de motiver la résolution que prit l'enfant.

Sur-le-champ, il rapporte le papier au comte, qui l'avait perdu et qui le cherchait inutilement.

Le diplomate est inquiet et affligé de voir que son secret est au pouvoir d'un enfant; il lui recommande la plus grande discrétion.

Cette partie de la narration doit être détaillée : dialogue.

André s'est retiré dans sa chambre, à la ferme. Pendant la nuit, on le réveille : c'est Adolphe, fils du comte : « Tu sais, lui dit-il, un secret que mon père me cache; il faut que tu me le confies. »

André refuse. Adolphe a recours à tous les moyens possibles pour lui arracher son secret; il prie, il flatte, il promet, il menace, il lui offre de superbes présents, tout est inutile; André reste fidèle à sa parole. Adolphe se retire en le menaçant avec fureur.

Cette scène de nuit doit être très-développée; c'est la partie importante de la narration.

Le lendemain, le comte envoie chercher André; Adolphe, ainsi que son père, l'embrassent. La scène de la nuit n'était qu'une épreuve.

Ravi de la discrétion de cet enfant, et certain de trouver en lui, par la suite, un sûr confident, le comte lui annonce qu'il va lui faire partager les études de son fils et qu'il le prendra ensuite pour secrétaire.

Quelques années après, le comte Éricson, nommé ambassadeur, emmena avec lui André en qualité de secrétaire, et il eut soin de l'avenir de ce jeune homme, qui devint un diplomate distingué.

---

### 34. L'ENNUI.

*Sujet et plan.*

Un jeune homme riche et sans occupation s'ennuyait mortellement.

Peignez l'ennui qui le poursuit partout : dans les promenades, dans les spectacles, dans les réunions, dans les fêtes, à la campagne comme à la ville. Inventez quelques incidents : montrez comment il n'avait de goût à rien. Il voyage; mais l'ennui voyage avec lui de compagnie.

Déjà l'ennui dégénérait en une mélancolie profonde et allait amener la consomption; il perdait l'appétit, le sommeil.

Tout à coup un incendie dévore, avec sa maison, toute sa fortune, qui était en portefeuille; il ne lui reste que de quoi vivre modestement pendant quelques années.

Contraint par la nécessité d'adopter une profession,

il entre à l'École de droit et travaille avec ardeur; il obtient une place honorable parmi les jeunes magistrats.

Plus d'ennui; la gaîté revient, il trouve du plaisir à tout.

Montrez comment il est heureux partout et toujours, à la ville comme à la campagne, pendant les heures de repos comme pendant les heures d'occupation, et comment il jouit de tout ce qui l'ennuyait autrefois, promenades, réunions, spectacles, fêtes, voyages.

Tirez la conclusion de cette histoire.

---

### 35. LE JEUNE BARDE.

(Bataille d'Alise, 52 ans avant J.-C.)

Chez les Gaulois, nos aïeux, les bardes étaient à la fois musiciens et poëtes : ils chantaient des hymnes en l'honneur des dieux et à la gloire des héros, et accompagnaient les guerriers au combat pour animer leur courage et célébrer leurs exploits.

Les bardes se sont conservés fort longtemps dans les montagnes d'Ecosse; Ossian est le plus fameux de ces poëtes calédoniens, successeurs de ceux de l'ancienne Gaule.

C'est à Alesia (aujourd'hui Alise, Côte-d'Or) que Jules César remporta sur les Gaulois, commandés par l'illustre Vercingétorix, la dernière victoire qui acheva la conquête de la Gaule.

*Sujet et plan.*

Au premier rang des braves qui défendent contre les cruels enfants de Rome la liberté expirante de la Gaule, se distingue un jeune barde.

Avant le combat, sa harpe avait enflammé l'ardeur des guerriers; maintenant le clairon sonne, sa harpe se tait et son épée va s'abreuver du sang ennemi.

« O ma patrie, disait-il, à toi mes chants, à toi mon épée, à toi ma vie! »

Le jeune barde succomba; mais sa harpe chérie ne

vibra plus, car de sa main mourante il en brisa les cordes.

« Tu ne chanteras pas pour les tyrans, tu ne résonneras pas dans l'esclavage, toi qui célébrais le courage, la gloire et la liberté.

« O ma patrie! je meurs pour toi, hélas! et avec toi; l'âme sacrée qui animait les chants du barde mêle son dernier souffle à ton dernier soupir. »

Vous développerez les diverses parties de ce sujet. Vous inventerez des détails.

Le style devra être élevé et poétique.

---

### 36. LES SORTILÉGES.

*Sujet et plan.*

Dans un canton peu éloigné de Rome et habité par des colons, en général indolents et paresseux, un cultivateur laborieux obtenait tous les ans de magnifiques récoltes.

Détaillez les circonstances; parlez de ses champs, de ses vignes, de ses vergers, de ses prés, que vous comparerez à ceux de ses voisins.

Ses voisins, aussi stupides que paresseux, l'accusent de sortilége : ils prétendent que par des maléfices il attire dans ses champs toute la fécondité des leurs.

Il est cité devant le préteur, qui jugeait sur la place publique devant tout le peuple.

Paroles de son accusateur.

L'accusé, avant de répondre, présente au préteur et au peuple ses fils, pleins d'ardeur et de force, ses bœufs robustes et bien soignés, et ses instruments d'agriculture parfaitement en état.

« Romains, dit-il ensuite en montrant ses propres bras, ses enfants, ses instruments, ses bœufs : mes sortiléges, les voilà. »

Il explique aux juges par quel travail assidu, pendant le jour et pendant la nuit, par quels soins et par quelle surveillance lui et sa famille sont parvenus à vaincre la stérilité naturelle du sol.

« Si, au lieu de l'accuser, ses voisins l'imitaient, ils réussiraient comme lui. »

Le préteur le déclare absous, au milieu des acclamations générales, et profite de cette occasion pour adresser une exhortation aux assistants sur les résultats si opposés du travail et de la paresse.

Ce fait a eu lieu dans les premiers siècles de la république romaine et est rapporté par Columelle, auteur qui a écrit sur l'agriculture.

---

### 37. LA DEMEURE MAUDITE.

*Sujet et plan.*

Décrivez les ruines d'un vieux château, au milieu d'une campagne désolée; vous direz que c'était autrefois une demeure superbe, habitée par un homme avare et cruel; vous allez raconter ce qui causa sa chute.

Pendant une nuit orageuse de décembre, un pèlerin s'arrête au pied d'une des tours; il implore un asile pour la nuit.

Mettez dans sa bouche des plaintes touchantes, des supplications motivées.

Le cruel châtelain paraît à l'une des fenêtres; il répond aux prières du malheureux par des insultes, à ses supplications par des menaces; il rit de sa détresse.

Le pèlerin appelle la malédiction du ciel sur cette demeure inhospitalière, et s'éloigne.

Paroles du pèlerin.

Le ciel exauce avec une promptitude foudroyante les malédictions du pauvre. En peu de jours le châtelain barbare est frappé dans sa fortune, dans sa famille, dans son honneur, dans sa personne.

Décrivez rapidement sa disgrâce.

Et le manoir, que nul n'osa plus habiter, tomba en ruines.

---

### 38. LE BAL.

*Sujet et plan.*

L'intendant d'Amiens donnait un grand bal.

Décrivez cette fête magnifique, pleine d'animation et de gaîté.

Il est une heure du matin : c'est le plus beau moment du bal. Tout à coup la porte de la salle s'ouvre, et l'on voit entrer l'évêque, vieillard de soixante et dix ans.

Étonnement général; toutes les danses s'arrêtent. Au milieu du plus profond silence, le prélat prend la parole.

Il commence par adresser au maître de la maison et aux assistants un compliment poli et affectueux : il est charmé de les voir se livrer au plaisir; il vient dans l'espoir de leur en faire goûter un autre, encore plus doux.

Il leur raconte qu'un grand malheur est arrivé.

Inventez un fait.

Il faut des secours abondants et prompts; mais toutes les caisses charitables sont épuisées; le prélat espère que la quête qu'il va faire dans cette société si brillante va y suppléer.

Et il commence la quête.

Détaillez quelques circonstances.

L'or et même les bijoux pleuvent dans la bourse du prélat.

Il se retire, et la joie, que redouble le plaisir d'avoir coopéré à une bonne action, se ranime plus vive encore qu'auparavant.

Ce fait a eu lieu vers la fin du règne de Louis XV.

Cet évêque, l'un des plus vénérables chefs du clergé français, se nommait M. de La Mothe.

On appelait *intendants* des magistrats qui remplissaient à peu près les mêmes fonctions que les préfets actuels.

---

### 39. VESINS ET REGNIER.

(26 août 1572.)

*Sujet et plan.*

Deux jeunes gens nés dans le Quercy, de deux familles ennemies, avaient toujours été divisés par une haine mortelle.

Vesins était catholique, Regnier était protestant.

Pendant la nuit de la Saint-Barthélemi, tous deux se trouvaient à Paris. Vesins dit à ses amis qu'il se charge du meurtre de Regnier. Il entre dans la chambre de son ennemi avec quelques soldats et le somme de le suivre. Regnier croit que sa dernière heure est venue.

Vesins le fait monter avec lui à cheval, l'escorte à la tête de quelques cavaliers, et le reconduit dans le Quercy en le protégeant contre tous les dangers : il arrive enfin avec lui dans le château qu'habitaient les parents de Regnier, et s'en retourne après avoir déposé en sûreté entre leurs bras son ancien ennemi devenu son ami le plus dévoué.

L'historien de Thou, qui nous a transmis cette anecdote intéressante, ajoute que non-seulement Vesins refusa les présents que la famille de Regnier voulait lui faire, mais qu'il ne voulut pas ramener le cheval sur lequel il avait fait placer Regnier, cheval d'un grand prix, qu'il lui laissa.

Il ne faut pas s'étonner que Vesins et ses compagnons soient allés de Paris au fond du Quercy sur les mêmes chevaux, dans un moment où cependant il leur importait d'aller avec beaucoup de célérité. A cette époque, les voitures publiques n'existaient pas, et la poste n'offrait que peu de ressources.

---

### 40. LES CHAINES D'ARGENT (1544).

Pendant les guerres de François Ier et de Charles-Quint en Italie, Inigo d'Avalos, marquis del Vasto, gouverneur de Milan, fut nommé généralissime des armées espagnoles et allemandes. Il reçut ordre d'aller à leur tête combattre une armée française qui, sous les ordres du comte d'Enghien, prince du sang royal de France, venait d'entrer en Piémont.

*Sujet et plan.*

Avant de partir pour aller combattre le comte d'Enghien, d'Avalos donne une grande fête, dans son palais de Milan, aux dames, aux principaux habitants de Milan et aux chefs de l'armée.

Il leur montre un amas de chaînes d'argent qu'il a fait fabriquer pour enchaîner les chevaliers français, qu'il espère bien faire tous prisonniers.

Mettez dans sa bouche un discours plein de forfanteries.

On le supplie d'épargner cette honte au moins au

comte d'Enghien; il répond qu'il n'y aura d'exception pour personne.

Il part: la bataille de Cerisoles se donne.

Vous ne décrirez pas cette bataille, vous n'en direz que quelques mots.

On amène au comte d'Enghien, d'un côté, d'Avalos prisonnier, et d'un autre côté, au même instant, le chariot chargé des chaînes d'argent.

Indignation et plaisanteries amères des chevaliers français qui entourent le prince. On l'engage à lier le marquis avec ses propres chaînes. D'Avalos est accablé de terreur et de honte.

« Les Français, dit le prince à d'Avalos, ne savent se venger d'un ennemi que d'une manière digne d'eux : d'Avalos sera prisonnier sur parole. »

La bataille de Cerisoles est un des faits les plus glorieux qui aient honoré les armes françaises; les ennemis y perdirent plus de 15,000 hommes.

Pour donner plus d'intérêt à la narration, nous avons légèrement altéré, à la fin, le fait historique. Ce n'est point d'Avalos qui fut amené prisonnier au prince, c'est son premier lieutenant. Quant à d'Avalos, il parvint à se sauver et s'enfuit à bride abattue jusqu'à Milan; là il se renferma dans son palais et de longtemps n'osa se montrer à personne.

Le comte d'Enghien fit vendre les chaînes d'argent au profit de ses soldats.

Le comte d'Enghien était frère du père de Henri IV.

---

### 41. ÉZILDA.

*Sujet et plan.*

Robert, en poursuivant les ennemis vaincus, vient d'être atteint d'une flèche empoisonnée.

On lui a dit qu'il pourrait guérir si quelqu'un suçait

sa plaie ; il répond qu'il ne permettra pas qu'un autre meure à sa place.

Accablé d'un sommeil léthargique, il est étendu sur son lit. Sa femme, Ézilda, se glisse furtivement dans sa tente et suce le venin de la plaie.

Quand Robert se réveille, il se sent guéri, et il aperçoit sa femme assise au pied de son lit ; elle le regarde avec tendresse et a déjà la mort dans les yeux.

Il devine ce généreux dévouement. Douleur et reproches de Robert ; adieux d'Ézilda.

Ce fait, célèbre dans les annales de l'amour conjugal, a eu lieu dans le XIe siècle.

Robert était duc de Normandie et fils aîné de Guillaume le Conquérant.

Sa femme se nommait Sibylle. Nous avons substitué à ce nom, qui a quelque chose de ridicule dans notre langue, celui d'*Ézilda*.

---

## 42. LEÇON DONNÉE PAR UN PÈRE.

*Sujet et plan.*

Un homme riche avait un fils unique, nommé Eugène, qui, comptant sur la fortune de son père, s'abandonnait à une mollesse et à une dissipation excessives.

Décrivez la vie désordonnée d'un jeune homme qui cependant n'est pas encore corrompu.

Le père tremble pour l'avenir d'Eugène, que plus tard l'oisiveté pourra conduire au vice.

Faites quelques réflexions à ce sujet.

Tout à coup il apprend à Eugène qu'une banqueroute l'a ruiné. Discours du père : il annonce à son fils qu'il va vendre sa maison et ses domaines ; qu'il vivra d'un modeste emploi qu'un ami lui procure ; que sur ses vieux jours il n'aura probablement de ressource que dans le travail de son fils.

Ces paroles, les dernières surtout, émeuvent profondément Eugène.

Peignez le changement qui s'opère en lui.

Il entre en qualité de commis chez un négociant.

Décrivez sa nouvelle manière de vivre.

Pendant trois ans le père eut le courage de faire durer cette épreuve.

Enfin, sûr que le changement de son fils est complet, il lui révèle la vérité.

Supposez que cette révélation a lieu dans quelque circonstance intéressante et en présence de quelques amis.

Il avait encore toute sa fortune, grossie par les épargnes de trois ans. Il met Eugène à la tête de ses affaires, et Eugène, qui avait pris l'habitude de faire un bon usage du temps et de l'argent, devient le modèle des jeunes gens et le bienfaiteur de son canton.

---

### 43. LE JOUEUR CORRIGÉ.

*Sujet et plan.*

Ariste apprend que le jeune Adolphe, fils d'un ami bien cher qu'il avait perdu, s'abandonne à la fureur du jeu.

Décrivez les désordres dans lesquels cette funeste passion jetait ce jeune homme.

Le sage Ariste tremble pour la fortune du fils de son ami, pour son honneur même et pour sa vie.

Réflexions sur ce sujet.

Voici le moyen extraordinaire que sa généreuse tendresse lui inspira pour le corriger.

Il va chez Adolphe ; il lui remet dans une cassette trente mille francs en or, seule ressource de sa vieillesse, et il le prie de lui garder cette somme pendant un long voyage qu'il va faire.

Donnez quelques détails.

Trouble d'Adolphe à cette proposition ; refus ; insistance d'Ariste ; enfin Adolphe laisse échapper cet aveu funeste : « Gardez-vous de me confier cet or ; je suis un joueur.

— Je le savais, répond Ariste, et je veux t'obliger à ne plus jouer. Tu as exposé ta fortune ; voyons si tu oseras exposer la mienne. »

Et il sort brusquement.

Décrivez les agitations d'Adolphe ; réflexions sérieuses ; serment solennel ; il ne jouera plus.

Il éprouve quelquefois des tentations.

Imaginez des circonstances.

Toujours le sentiment de l'honneur l'emporte. Enfin cette affreuse passion est tout à fait vaincue.

Il rapporte à Ariste son dépôt.

Mettez dans la bouche de l'un et de l'autre des paroles convenables à la situation.

Le jeune homme qu'un ancien ami de son père corrigea de la passion du jeu par ce moyen aussi étrange que généreux s'appelait Dussaulx. Ce fait s'est passé à Chartres.

Dussaulx, né en 1728, mort en 1799, s'est fait connaître par d'excellents ouvrages, entre autres une traduction de Juvénal, et un traité *de la Passion du jeu*, dans lequel il raconte lui-même ce fait de sa jeunesse. Il fut membre de l'Assemblée législative de 1792 et de la Convention, où il se signala par sa modération et par sa sagesse.

---

### 44. DÉVOUEMENT DE SAINT PAULIN.

Lors de la dissolution de l'empire romain, les Vandales, peuple barbare, originaire des côtes de la mer Baltique, après avoir ravagé les Gaules et la plus grande partie de l'Espagne, s'étaient établis dans la partie méridionale de l'Espagne, qui a conservé leur nom [1]. De là ils faisaient de fréquentes incursions sur les côtes des pays voisins, qu'ils ravageaient et pillaient avec une incroyable barbarie. Plus tard, ils passèrent en Afrique, et établirent le siége de leur domination à Carthage.

Gonderic, roi des Vandales en Espagne, qui régna de 406 à 427, fit une descente dans l'Italie méridionale, prit la ville de Nole et s'empara d'un grand nombre de ses habitants, qu'il résolut d'emmener en esclavage. Nole est située à quelques lieues de la mer, assez près du Vésuve.

Saint Paulin, évêque de Nole, pour racheter des mains des Vandales le plus grand nombre possible de captifs, vendit tout ce qu'il possédait, les ornements des églises et même les vases sacrés.

*Sujet.*

Au moment où les Barbares, emmenant ceux des captifs que le saint évêque n'avait pu délivrer, allaient partir pour rejoindre leurs vaisseaux et se rembarquer, une pauvre femme vient supplier l'évêque de délivrer son fils unique, âgé de quinze ans.

L'évêque, touché de ses larmes, s'engage à lui rendre son fils. Mais toutes ses ressources sont épuisées ; pour payer la rançon du jeune homme, il ne lui reste rien.

La charité lui inspire une résolution héroïque. Il propose à l'officier vandale, à qui le jeune homme était tombé en partage, de le prendre lui-même à sa place pour esclave.

Le barbare préfère volontiers un homme à un enfant. L'échange est accepté.

1. *Andalousie*, auparavant *Vandalousie*.

*Plan.*

Deux tableaux feront contraste : d'une part, la désolation à laquelle la ville est en proie; de l'autre, la joie féroce qui règne dans le camp des barbares au moment du départ.

Paroles suppliantes de la mère à l'évêque; réponse courte et généreuse de Paulin.

Paulin supplie le maître du jeune homme, Huneric, gendre du roi des Vandales, de lui accorder la liberté de l'enfant. Refus dur et insultant du barbare.

Douleur et embarras du pieux évêque: inspiration soudaine de la charité : il s'offre comme esclave. Son offre est acceptée.

On ôte les chaînes à l'enfant pour en charger l'évêque; sentiments éprouvés par tous les témoins de cette scène; paroles de l'enfant, qui ne voulait point accepter la liberté à un tel prix.

Insistance héroïque de Paulin; ses recommandations à l'enfant qu'il a délivré; ses adieux à ses concitoyens.

Paulin, par ses rares vertus, s'attira l'affection et le respect de son nouveau maître. Trois ans après, il obtint la liberté, non-seulement pour lui-même, mais encore pour tous les captifs de son diocèse, et il les ramena avec lui à Nole.

Saint Paulin était né en 353, à Bordeaux. Il a occupé le siége épiscopal de Nole depuis 409 jusqu'en 431, époque de sa mort.

Il a laissé plusieurs ouvrages, entre autres des poésies.

---

### 45. ALCANDRE.

Lycurgue avait été chargé par les Lacédémoniens de changer la constitution de l'État et d'établir de nouvelles lois.

Il s'acquitta de cette mission avec un génie, un courage et un patriotisme qui ont rendu son nom immortel; et, grâce à lui, Lacédémone devint le premier État de la Grèce.

Tandis qu'il était occupé à cette grande œuvre, une sédition s'éleva un jour contre lui; quelques personnes, mécontentes de ses réformes, l'attaquèrent; il fut forcé de se réfugier dans un temple. Un jeune homme, nommé Alcandre, plus violent que les autres, le frappa à la tête de son bâton et lui creva un œil.

Ce malheureux événement remplit les séditieux de confusion et de douleur : ils rentrèrent dans l'ordre. Le peuple se réunit sur-le-champ, et décida qu'Alcandre serait remis entre les mains de Lycurgue, qui ordonnerait de son sort.

*Sujet et plan.*

Les envoyés du peuple amènent à Lycurgue Alcandre enchaîné; paroles de leur chef, effroi et fureur d'Alcandre.

Les envoyés se retirent; Lycurgue fait ôter à Alcandre ses chaînes; il lui adresse un discours : « Il veut se venger de lui, il veut le punir; mais sa vengeance sera digne de Lycurgue.... Il a pitié de sa jeunesse; il lui pardonne, il n'exige de lui d'autre châtiment que de lui tenir pendant quelque temps fidèle compagnie, d'apprendre à le connaître, et, s'il est possible, à l'aimer. »

Étonnement, regret, admiration, reconnaissance d'Alcandre. Conduite de Lycurgue envers lui.

Au bout de deux mois, Lycurgue lui rend la liberté et le renvoie dans sa famille. Paroles de Lycurgue; réponse d'Alcandre.

« Voilà, dit Plutarque, comment Alcandre fut puni par Lycurgue; c'est ainsi que d'un jeune homme emporté, téméraire et farouche, il devint un homme sage, raisonnable et généreux. »

Ce fait a eu lieu environ 884 ans avant J.-C.

---

## 46. CLAIRVAL LE FIER ET LE BON CLAIRVAL.

*Sujet et plan.*

Deux frères, propriétaires dans le même village, avaient un caractère bien différent.

L'un, dur et orgueilleux, prétendait n'avoir jamais d'obligation envers personne; quelques services qu'on lui rendît, il y était insensible, et lorsqu'il les avait payés, il se croyait quitte. On l'avait surnommé *Clairval le fier*.

L'autre, doué d'un excellent cœur, était reconnaissant de tout ce qu'on faisait pour lui ; il cherchait à obliger tout le monde. Il ne se contentait pas de bien payer ceux qu'il employait; mais il leur montrait beaucoup de bonté et d'égards.

En peignant avec soin ces deux portraits, vous les mettrez en relief par le contraste.

Vous raconterez ensuite ce qui arriva à l'un et à l'autre de ces deux frères dans deux circonstances où ils eurent besoin du secours de leurs voisins :

La digue d'un étang qui appartenait à Clairval le fier se rompit : personne ne porta de secours.

Le feu prit à une ferme appartenant au bon Clairval : tout le monde y courut et travailla avec tant de zèle que l'incendie fut éteint en peu d'instants.

Clairval le fier s'étant laissé glisser sur la pente d'un précipice et se retenant à une touffe de noisetiers, criait au secours : on vient, mais on ne le retire que moyennant une forte récompense.

Un enfant du bon Clairval tombe malade : toutes les personnes du village se disputent à qui viendra, sans rétribution, passer la nuit auprès de lui.

Ces quatre faits seront racontés avec brièveté, mais avec assez de détails pour soutenir l'intérêt. Ceux qui ont rapport à Clairval le fier devront être racontés avec gaîté et de manière à faire rire à ses dépens. Ceux qui ont rapport à son frère devront être retracés de manière à exciter l'attendrissement.

---

### 47. UNE AVENTURE DE SAINT CHARLES BORROMÉE.

Saint Charles Borromée, archevêque de Milan, était de tous les hommes le plus pieux, le plus généreux, le plus doux et en même temps le plus intrépide.

Il faisait souvent des visites pastorales dans les divers cantons de son diocèse, dont quelques-uns sont montagneux et d'un accès très-difficile. Rien ne le rebutait. Les obstacles ne faisaient qu'enflammer sa charité et son zèle.

Né en 1538, il mourut en 1584.

*Sujet et plan.*

Un jour, dans le cours de ses visites pastorales, Charles voulut absolument se rendre dans un pauvre hameau, perdu au milieu des montagnes.

Objections des personnes de sa suite; généreuse persistance du prélat.

Il laisse sa suite, prend un guide et se dirige seul avec lui vers le hameau.

Détails de cette ascension à travers des montagnes escarpées, esquisse de ces sites sauvages.

A son passage s'oppose un large torrent.

Tableau.

Le guide, pour passer, lui offre de le prendre sur son dos; il y consent; mais, au milieu du courant, l'homme épouvanté le laisse tomber, puis, au lieu de le relever, et craignant de se noyer lui-même, il s'enfuit.

Malgré la hauteur et la rapidité des eaux, malgré l'embarras de son costume épiscopal, l'homme de Dieu échappe au péril, et, tout mouillé, arrive au hameau.

Développements.

Il envoie à la recherche de son infidèle guide, et, au lieu de l'accabler de reproches, il le rassure, le console, et le paye généreusement.

On montre encore, dans les montagnes du Milanais, l'endroit où cet événement est arrivé.

### 48. LE PREMIER EXPLOIT D'HUNYADE.

*Sujet.*

Hunyade, à l'âge de seize ans, était page du prince de Servie. Un jour, le prince, qui devait dans la soirée donner une grande fête, était allé à la chasse d'un loup énorme; vers le soir, fatigué d'une poursuite inutile, il dit à ses compagnons que la chasse allait finir : « A moins que tu ne veuilles la continuer tout seul, » ajouta-t-il en riant, et en s'adressant à son page, qui paraissait fort chagrin de cet arrangement. Le jeune homme prit le prince au mot, et continua seul de chasser. Il passa deux fois une large rivière à la nage, et revint au château dans la nuit, apportant la tête du loup.

*Plan.*

La narration doit commencer au moment où le prince, fatigué d'une vaine poursuite et désirant se préparer pour la fête du soir, va donner le signal de la retraite. On peindra la désolation du jeune page; il y aura entre lui et le prince une conversation courte et animée.

Le jeune Hunyade s'élance seul à la poursuite du loup; on racontera les diverses circonstances de cette course aventureuse à travers les bois; le loup blessé a encore assez de forces pour traverser une rivière; Hunyade passe la rivière à la nage; dernière lutte sur l'autre bord; Hunyade tranche la tête du loup, et, chargé de ce butin, repasse la rivière.

On peindra ensuite son arrivée dans la salle du bal; il entre tout couvert de boue, d'eau et de sang dans cette salle splendide, et il dépose aux pieds du prince la tête du loup.

Joie et admiration de l'assemblée entière; paroles du prince

On pourra terminer cette narration par quelques phrases qui feront allusion à la gloire que devait acquérir dans la suite ce jeune héros.

Jean Hunyade (1400-1456) fut le sauveur de son pays et le héros de son siècle.

A une époque où les Turcs étaient pour l'Europe un objet d'épouvante, il défendit vaillamment contre eux la Hongrie et la Transylvanie, les vainquit dans plusieurs batailles, et mourut des blessures qu'il avait reçues en combattant contre eux.

Il fut régent de la Hongrie pendant douze ans, et se montra aussi habile administrateur que grand guerrier.

Son fils Mathias Corvin fut roi de Hongrie.

La famille des Hunyade portait le surnom de *Corvin* parce qu'elle avait pour armoiries un corbeau tenant dans son bec un anneau d'or.

---

## 49. LE SERMENT DE FRÉDÉRIC.

Frédéric-Guillaume Ier, roi de Prusse (de 1713 à 1740), était un homme grossier, farouche et cruel.

Son fils Frédéric (qui, depuis, régna avec beaucoup de gloire et fut surnommé *le Grand*), s'échappa de sa cour avec un de ses amis, nommé Ernest de Katt, dans l'intention d'aller visiter la France.

On courut après les deux fugitifs; on les arrêta; on les ramena à Berlin.

Le tyran fit jeter son fils dans une prison; il voulait le faire condamner à mort par une commission militaire; et il l'aurait fait, si les souverains de l'Europe, entre autres le roi de France et l'empereur d'Allemagne, ne se fussent opposés avec énergie à ce barbare dessein, et ne l'eussent menacé de tourner leurs armes contre lui.

Il fut donc obligé de se contenter du supplice d'Ernest de Katt, et il força le malheureux Frédéric d'y assister.

*Sujet et plan.*

Frédéric est tiré de sa prison et conduit devant son père pour recevoir son arrêt. Le farouche Guillaume lui fait grâce de la vie; mais lui annonce qu'Ernest va mourir, et mourir sous ses yeux.

Le prince supplie vainement son père d'épargner son ami, ou du moins de ne pas le rendre témoin de son supplice.

Dialogue animé entre le père et le fils.

Frédéric est traîné vers le lieu fatal : Ernest l'aperçoit.

Scène pathétique.

Frédéric s'évanouit. En recouvrant ses sens, il prononça ces mots : « Je jure, si je deviens roi, de ne jamais faire souffrir à personne ce que je viens de souffrir en ce moment : jamais personne ne périra par mes ordres. »

Frédéric, devenu roi, tint ce serment, et n'ordonna jamais la mort de personne.

---

### 50. LES DEUX PORTRAITS.

*Sujet.*

A l'époque de la Terreur, dans une grande ville de France, un proscrit, homme d'une grande fortune, poursuivi et ne sachant où trouver un refuge, entra tout à coup dans la boutique d'un honnête commerçant et le pria de le sauver. Le marchand et sa femme, malgré la rigueur des lois de cette époque, qui condamnaient à mort quiconque donnait asile à un proscrit, accueillirent cet infortuné, le cachèrent chez eux et lui fournirent ensuite les moyens de s'évader. Quelques années après, le proscrit rentra en France et recouvra la plus grande partie de sa fortune; mais, vers la même époque, le marchand et sa femme furent ruinés par une faillite, et leurs créanciers firent mettre en vente tout ce qui leur appartenait. Voici le moyen ingénieux qu'inventa l'homme qui leur devait la vie, pour rétablir leurs affaires et leur faire accepter de l'argent sans blesser leur délicatesse. Deux marchands de tableaux allèrent à la vente par son ordre et se disputèrent vivement les portraits du marchand et de sa femme qui étaient criés à l'encan comme le reste du mobilier. Ils enchérissaient avec vivacité l'un sur l'autre, et enfin les deux tableaux furent adjugés à l'un d'eux pour vingt mille francs. Grâce à cette somme, le marchand rétablit complétement ses affaires, et se trouva riche.

*Plan.*

Deux scènes, intéressantes par elles-mêmes et par le contraste qu'elles formeront l'une avec l'autre, composeront cette narration : la première, touchante et pathétique; la seconde, gaie et amusante.

La première représentera les cruelles angoisses du proscrit, la générosité de ses hôtes, les périls qu'il court et que ses hôtes partagent.

La seconde sera la scène de l'encan.

Le lecteur ne doit pas être averti; vous devez laisser deviner ce trait de reconnaissance sans l'expliquer formellement, et conduire le récit avec assez d'art pour que la curiosité du lecteur, toujours excitée, ne soit satisfaite qu'à la fin.

---

## 51. LE PÈRE DÉLIVRÉ PAR SON FILS.

*Sujet.*

On lit dans les *Mémoires* de Saint-Simon :

« Comme on allait donner le troisième assaut à Brihuega, le comte de San-Estevan de Gormaz, grand d'Espagne, officier général et gouverneur d'Andalousie, vint se mettre avec les grenadiers français les plus avancés. Le capitaine qui les commandait, surpris de voir un homme si distingué vouloir marcher avec lui, lui représenta que ce n'était point là sa place. San-Estevan lui répondit qu'il savait là-dessus tout ce qu'on pouvait lui dire, mais que le duc d'Escalona, son père, était depuis longtemps prisonnier des Autrichiens, indignement traité avec les fers aux pieds, sans qu'ils eussent jamais voulu entendre à aucune rançon ; qu'il y avait dans Brihuega des officiers généraux autrichiens et anglais ; qu'il était résolu à les prendre pour délivrer son père ou à mourir. Il donna dans la place avec le détachement, fit merveilles, prit de sa main quelques-uns de ces généraux, et immédiatement en obtint l'échange avec son père, qui avait été pris à Gaëte, étant vice-roi de Naples, les armes à la main.

« Ce père et ce fils illustres étaient, le père surtout, la valeur, la vertu, la modestie et la piété même, et, chose rare en Espagne, fort savants. »

*Plan.*

Ce sujet peut être traité de plusieurs manières. On peut, par exemple, commencer par représenter le duc d'Escalona dans sa prison, supportant avec un courage inébranlable les indignes traitements qu'on lui fait souffrir, et reportant toutes ses pensées vers son fils ; on peindra ensuite San-Estevan qui, ayant obtenu un sauf-conduit, arrive dans la prison pour délivrer lui-même son père et lui raconte ce qu'il a fait.

On peut aussi suivre l'ordre indiqué par le récit de Saint-Simon : préparatifs de l'assaut; conversation vive et animée entre San-Estevan et l'officier français; exploits de San-Estevan, qui, avec l'agrément du roi et du duc de Vendôme, emmène dans son château les généraux qu'il a faits prisonniers, et les traite aussi honorablement que leurs compatriotes traitaient cruellement son père ; puis on racontera en peu de mots l'échange des prisonniers et le retour du père auprès de son fils.

Ce fait a eu lieu en 1710, le 9 décembre.

L'Espagne et les États qui en dépendaient alors étaient disputés par les armes entre le légitime héritier, Philippe IV (prince français, petit-fils de Louis XIV), et un prince autrichien, Charles (depuis empereur), soutenu par l'Allemagne, par l'Angleterre et par presque toute l'Europe. Le duc d'Escalona avait été fait prisonnier en défendant contre les Autrichiens le royaume de Naples, qui était alors annexé à l'Espagne.

La ville de Brihuega, qui était tombée au pouvoir des ennemis, tait assiégée par un général français, le célèbre duc de Vendôme, et par le roi Philippe IV en personne. En prenant cette ville, où plusieurs généraux autrichiens s'étaient réfugiés, le duc de Vendôme y fit prisonniers cinq mille anglais, avec leur général Stanhope, et, le lendemain, remporta la fameuse victoire de Villaviciosa, sur une grande armée autrichienne et anglaise, qui arrivait, mais trop tard, au secours de la place. Cette victoire assura à Philippe IV la possession de l'Espagne.

Brihuega est une ville de la Nouvelle-Castille, dans la province de Guadalaxara, sur une rivière appelée la *Tajuna*.

---

## 52. LE LION.

(Histoire du temps des croisades.)

*Sujet et plan.*

Un chevalier français, dans la Palestine, sauve un lion des étreintes d'un dragon furieux.

Tableau du combat du lion et du dragon; arrivée du chevalier, qui se sent ému de pitié pour le noble animal; sa victoire sur le dragon.

Le lion reconnaissant devient pour son sauveur un compagnon fidèle.

Tableau; détails sur la manière dont il accompagne et sert son maître et sur les services qu'il lui rend à son tour.

Après de glorieux exploits, le chevalier s'embarque pour retourner en France; mais on refuse d'admettre dans le navire son redoutable compagnon.

Le lion, ne voulant point abandonner son sauveur, se jette dans la mer, suit le vaisseau à la nage, et périt dans les flots.

---

## 53. RÉCIT D'UNE BATAILLE.

(An 312.)

*Sujet et plan.*

Sous les murs de Rome et dans son enceinte même, se livre une terrible bataille, qui doit décider du sort du monde.

D'un côté, c'est Constantin, à la tête de l'armée chrétienne ; de l'autre, Maxence [1], à la tête des soldats qui soutiennent le paganisme : d'un côté, l'étendard de la croix; de l'autre, les images des faux dieux.

Vous ferez remarquer que cette bataille doit fixer le sort du monde. Sera-t-il chrétien? sera-t-il païen? C'est ce que va décider le sort des armes.

Vous ferez le tableau de cette bataille, et vous en imaginerez les circonstances.

Enfin Constantin est vainqueur; Maxence s'enfuit en traversant un pont sur le Tibre [2]; ce pont s'écroule ; Maxence et tous ceux qui l'accompagnent sont engloutis dans les eaux.

Cette dernière catastrophe, qui est le principal incident de la narration, devra être surtout développée.

---

## 54. SAINT LUCIEN.

Vers la fin du règne de Dioclétien, une persécution terrible contre les chrétiens s'éleva dans tout l'empire, et ne servit, en général, qu'à faire éclater la sincérité de leur foi, leur résignation et leur courage.

Quelques-uns, cependant, mais en bien petit nombre, intimidés par l'appareil des supplices, consentirent à sacrifier aux idoles et ab-

1. *Voir*, relativement à Constantin et à Maxence, qui étaient beaux-frères, l'explication qui précède la 102e narration, intitulée *Fausta*.
2. Ce pont se nommait le *pont Milvius*.

jurèrent en apparence leur religion ; mais leur repentir fut prompt et leur pénitence exemplaire.

La persécution fut terrible, surtout à Antioche, ville immense, que l'on considérait alors comme la capitale de l'Asie. C'est à Antioche, en 310, qu'eut lieu le martyre de saint Lucien.

*Sujet et plan.*

On conduisait Lucien au martyre.

Décrivez sa sérénité, sa joie.

Il rencontre quelques-uns de ses amis qui, chrétiens comme lui naguère, avaient par crainte abjuré leur foi, et qui, couronnés de fleurs, allaient sacrifier aux idoles.

Décrivez leur allégresse affectée, et, à la vue de Lucien, leur rougeur subite.

Lucien s'élance vers eux. Les gardes, espérant qu'il va les imiter, le laissent faire.

Dialogue vif et animé ; puis, discours de Lucien, qui reproche à ses amis leur apostasie avec tant de force, d'éloquence et d'onction, que, détestant leur criminelle faiblesse, ils s'écrient d'une voix unanime : « Nous sommes chrétiens ! »

Ils rejettent leurs couronnes de fleurs et marchent avec Lucien au martyre.

Saint Lucien était né à Samosate, ville de Syrie, comme le philosophe qui porte le même nom. Il nous reste de lui un fragment d'une lettre écrite du fond de sa prison aux fidèles d'Antioche.

L'Église honore sa mémoire le 7 janvier et le 15 octobre.

---

## 55. SOUS.

*Sujet et plan.*

Les Spartiates, enveloppés par les Arcadiens, vaincraient facilement leurs ennemis si une soif cruelle n'abattait leur courage.

Le roi des Spartiates convient avec le chef ennemi que Sparte leur rendra ses conquêtes si le roi et l'armée boivent au fleuve qui coule près de leur camp.

Allocution de Soüs à ses soldats : il promet de faire reconnaître roi à sa place celui qui s'abstiendra de boire. Tous se précipitent dans le fleuve ; Soüs seul résiste à la soif qui le tourmente et conserve ainsi à Sparte ses conquêtes.

Les Arcadiens se plaignirent d'avoir été trompés. Soüs se justifia en disant : « Si le roi et l'armée avaient bu, nous étions obligés de renoncer à nos conquêtes ; mais le roi n'a pas bu. »

On doit blâmer, en bonne morale, la conduite de Soüs, mais il ne s'agit pas ici de le juger ; il s'agit seulement de raconter le fait.

Ce fait a eu lieu environ mille ans avant l'ère chrétienne.

---

### 56. AMOUR FILIAL, TENDRESSE CONJUGALE.

*Sujet et plan.*

Chélonide, fille de Léonidas, chef de Sparte, avait épousé Cléombrote. Ce jeune ambitieux chassa son beau-père, malgré les supplications de Chélonide : alors elle abandonna son époux et suivit son père en exil.

Peu de temps après, Léonidas rentre victorieux dans Lacédémone. Cléombrote se réfugie dans un temple. Léonidas l'y suit avec des soldats et veut l'immoler.

Chélonide se jette aux pieds de son père et le supplie d'épargner Cléombrote et de se contenter de le bannir.

Léonidas lui accorde cette faveur. Chélonide quitte son père et suit son mari dans l'exil.

Il ne faut pas confondre ce Léonidas avec le héros des Thermopyles, qui portait le même nom et qui mourut l'an 480 avant J.-C.—Ce second Léonidas commença à gouverner Lacédémone l'an 257 avant J.-C. Il fut chassé par son gendre Cléombrote, l'an 243, et resta en exil jusqu'en 239. Pendant ces quatre années, sa fille Chélonide ne le quitta pas un seul moment, malgré les messages fréquents et les vives instances de Cléombrote; et, de même, après 239, malgré les supplications de son père, elle ne voulut jamais quitter Cléombrote, qu'elle avait suivi dans l'exil.

---

### 57. LE DINER OFFERT ET ACCEPTÉ.

(Trait de Duguesclin.)

*Sujet et plan.*

Les troupes anglaises, commandées par le captal de Buch, avaient en abondance des provisions de toute sorte; les troupes françaises, commandées par Duguesclin, manquaient de tout et mouraient de faim. Les Anglais, parfaitement retranchés dans une position très-forte, riaient de la détresse des Français.

Vous insisterez peu sur ces détails.

Le captal devait donner un magnifique festin aux principaux chevaliers de son armée. Pour se moquer de Duguesclin, il lui envoie un héraut pour l'inviter à ce dîner.

Ceci devra être développé : arrivée du héraut dans le camp français; son insolence; son discours ironique.

Duguesclin ne répond que par ce mot : « J'irai. » Le héraut se retire en riant aux éclats.

Duguesclin réunit ses compagnons.

Discours de peu d'étendue, par lequel il les excite à punir l'insolence de l'ennemi et les enflamme de l'ardeur qui l'anime.

A leur tête, il s'élance sur le camp des Anglais; rien ne peut résister à sa valeur et à celle de ses compagnons. Les Anglais prennent la fuite; le captal abandonne à la hâte sa tente, où le festin venait d'être servi. Duguesclin y arrive avec ses chevaliers; et ce sont les pages mêmes et les écuyers du captal, faits prisonniers, qui servent les Français à table.

Style vif et animé, quelquefois gai et plaisant.

Ce fait a eu lieu pendant les guerres de Charles V contre les Anglais. Les seigneurs de Buch (territoire des environs de Bordeaux, dont le chef-lieu est la ville de la Teste) portaient le titre de *captal*. La Guyenne était alors réunie à l'Angleterre.

Jean de Grailly, captal de Buch, général des troupes anglaises, fut souvent vaincu par Duguesclin, et fut fait deux fois prisonnier par lui. Il mourut en 1377.

---

### 58. ALMANZOR.

(Narration allégorique.)

*Sujet et plan.*

Accablé de malheurs qu'il n'avait pas mérités, Almanzor, étant sorti de Babylone, errait sur les bords de l'Euphrate. Le désespoir l'égare; il se plaint de la Providence.

Tout à coup à ses yeux se présente un vénérable ermite, qui lui fait promettre de venir avec lui et de ne pas le quitter de trois jours, quelque chose qu'il fasse.

Sur le soir, Almanzor et l'ermite arrivent à un château superbe où on les reçoit avec une magnificence mêlée de mépris. L'ermite, en se retirant, emporte en secret une superbe coupe d'or.

Vers midi, les deux voyageurs arrivent chez un avare qui les reçoit extrêmement mal. L'ermite, en s'en allant, lui fait présent de la coupe.

Le soir du même jour ils sont parfaitement reçus dans la maison d'un homme plein de vertus et de sagesse. Le lendemain matin, l'ermite en partant avec Almanzor met le feu à la maison.

Ils sont ensuite reçus chez une veuve charitable qui leur donne son neveu, enfant de quatorze ans, pour leur servir de guide dans un chemin difficile. L'ermite jette l'enfant dans le fleuve.

L'indignation d'Almanzor, jusque-là mal contenue, éclate. Mais soudain l'ermite a disparu, et à sa place Almanzor voit un ange qui lui explique que la Providence a permis, dans un but utile, ces événements qui le choquent :

« La Providence a fait perdre la coupe d'or à ce seigneur fastueux, pour lui apprendre à mettre plus d'ordre dans ses affaires. Elle l'a donnée à l'avare pour lui apprendre à mieux traiter ses hôtes. Elle a permis que le feu prît à cette maison, parce que, sous ses ruines, le propriétaire a trouvé un trésor immense. Elle a mis fin aux jours de cet enfant, parce que, s'il eût vécu, il serait devenu malheureux et coupable. »

Almanzor recueille le fruit de cette leçon que la Providence a bien voulu lui donner. Il reconnaît que Dieu dirige tout, et que l'homme doit adorer ses décrets dans les choses les plus inexplicables.

Ranimé et consolé à la fois, il retourne à Babylone où il apprend que ses malheurs sont finis.

Les malheurs qu'Almanzor avait éprouvés ne doivent pas être mentionnés dans la narration ; elle doit commencer au moment où il ose murmurer contre la Providence. Sa rencontre avec l'ermite, les quatre scènes qui suivent, tracées avec quelque rapidité, et la leçon que l'ange lui adresse, suffisent pour composer une narration étendue et intéressante.

---

## 59. MENZIKOFF ET DOLGOROUKI.

Menzikoff[1], né dans la condition la plus obscure, était devenu le favori de Pierre le Grand, czar de Russie, qui fit de lui son premier ministre et le décora du titre de prince. Après la mort de Pierre le Grand, il jouit de la plus haute faveur et d'une puissance illimitée sous sa veuve Catherine Ire, et ensuite sous son fils Pierre II. Mais, au moment même où la fille de ce ministre tout-puissant allait épouser le jeune czar, Menzikoff fut frappé d'une disgrâce subite, grâce aux intrigues du prince Dolgorouki, son ennemi. Menzikoff fut dépouillé de tout et envoyé en exil dans l'affreux désert de Bérésoff, en Sibérie. Ce fait, qui eut un grand retentissement en Europe, se passa en 1727.

Dolgorouki succéda à la toute-puissance de son rival. Mais, en 1730, au moment où sa fille allait épouser le czar, ce jeune monarque mourut; et, sur-le-champ, l'impératrice Anne, qui lui succéda, disgracia Dolgorouki, qui fut dépouillé de tous ses biens et envoyé aussi en exil dans le désert de Bérésoff.

*Sujet et plan.*

Vous décrirez la triste vie que mène Menzikoff dans l'épouvantable désert où on l'a relégué; vous le représenterez se livrant à toutes les fureurs de la haine et ne cessant de maudire Dolgorouki.

Un soir, par un temps affreux....

Description de la tempête.

On frappe à la porte de sa pauvre cabane : c'est un exilé, qui, égaré dans ces solitudes, demande un asile.

1. Menzikoff ou Mentchikoff (Alexandre Danielowitz) était né en 1674. Iwan Dolgorouki était à peu près du même âge.

Il ouvre : l'étranger entre.

Décrivez l'étonnement de l'un et de l'autre, et les divers sentiments qu'ils éprouvent.

C'est Dolgorouki ; Dolgorouki, que Menzikoff croyait encore au faîte des grandeurs, qui vient d'être frappé d'une infortune égale à la sienne.

Dialogue des deux rivaux.

Après s'être abandonnés aux transports des passions qui les agitent, ils se calment, ils écoutent la voix de la religion et de la raison, ils finissent par s'embrasser et par se promettre de chercher dans une amitié réciproque un adoucissement à leurs maux.

Ce n'est point avec Menzikoff, c'est avec son fils, que Dolgorouki eut cette célèbre rencontre dans le désert de Bérésoff. Menzikoff était mort en 1729. Pour rendre la narration plus intéressante, nous supposons qu'il vécut un an de plus, et nous substituons le père au fils.

---

### 60. LÉOPOLD DE BRUNSWICK.

*Sujet et plan.*

Vers l'an 1775, la rivière d'Ocker[1] déborde, à quelques lieues de la ville de Brunswick[2].

Tableau de l'inondation : les habitants de la contrée sont en proie à la désolation et au désespoir.

Arrivée de Léopold, fils du souverain de la contrée : il est accouru pour les encourager, les consoler, les secourir.

Paroles, actions de ce jeune prince.

1. L'Ocker, qui arrose le duché et la ville de Brunswick, est un affluent de l'Aller, rivière qui se jette dans le Weser.
2. Le duché de Brunswick est une principauté allemande, ayant pour capitale une ville du même nom.

On aperçoit, au milieu du fleuve, un infortuné qui lutte contre les flots; sans un prompt secours il va périr.

Personne n'ose exposer sa vie. Léopold s'élance dans les eaux.

Décrivez ses généreux efforts, et l'anxiété de tous les spectateurs de cette terrible lutte.

Léopold ne peut réussir; ses forces l'abandonnent; une mort honorable couronne son généreux dévouement.

Le jeune prince Léopold s'était signalé, dans la guerre de sept ans, par son courage et par son humanité. Les Français, qui, en le combattant, avaient appris à l'estimer, pleurèrent sa mort, qui produisit la plus vive sensation en Europe.

---

### 61. LES ENNEMIS GÉNÉREUX.

*Sujet et plan.*

Ali, roi de Perse, assiége Khoreb, prince de Damas, qui résiste avec autant de succès que de courage. Les assiégeants manquent de vivres. Pendant la nuit, Khoreb leur en envoie avec un billet ainsi conçu : « Pendant le jour vous nous attaquez : nous vous regardons comme nos ennemis; mais la nuit vous nous laissez en paix : nous vous regardons comme nos frères, et nous venons vous secourir. »

Ravi de cette action généreuse, Ali envoie au prince de Damas ce qu'il y a de plus précieux dans son camp.

Le lendemain, dans un grand combat, les assiégeants sont repoussés; et Obed, le meilleur ami du roi de Perse et son plus habile lieutenant, est fait prisonnier.

Ali s'abandonne à la douleur : la prise de Damas ne le consolerait pas de la perte de son ami.

Le soir même Khoreb renvoie au roi de Perse son ami sans rançon.

Ali est transporté de joie; il lui arrive de toutes parts des renforts si nombreux que le succès de ses armes devient infaillible. Alors il propose la paix à son noble ennemi, qui l'accepte, et il lui laisse la libre possession de ses États.

Vous développerez chacune de ces circonstances.

---

## 62. ARIOSTE.

Louis Arioste, poëte italien très-célèbre (1474-1533), auteur de *Roland furieux*, grand poëme en quarante-six chants, fut aimé des ducs de Ferrare, qui l'employèrent dans diverses négociations et le chargèrent d'emplois importants.

Les duchés de Ferrare et de Modène étaient alors réunis sous le sceptre de la maison d'Este.

Pour l'intelligence de cette narration, il faut ne pas oublier que le peuple, en Italie, aime passionnément les arts, et que, dans ce pays, les hommes les plus grossiers sont sensibles au charme des beaux vers, aussi bien qu'à celui de la peinture et de la musique.

Les Apennins sont une chaîne de montagnes qui traverse l'Italie dans toute sa longueur.

Les Apennins ont été souvent et sont même encore infestés par des brigands.

*Sujet et plan.*

Nommé gouverneur d'une forteresse dans les Apennins, Arioste, sorti seul pour se promener, rêvant à des vers, s'est égaré dans les bois.

Tableau du lieu sauvage où il se trouve.

Tout à coup des brigands fondent sur lui.

Vous décrirez leur joie cruelle et le calme intrépide du gouverneur.

Mais l'un d'eux reconnaît Arioste ; il le nomme.

A ce nom, la fureur des brigands fait place à des témoignages d'admiration et de respect ; ces hommes, qui auraient été sans pitié pour le gouverneur, se font un honneur de rendre la liberté au poëte.

Paroles de leur chef.

Les brigands font une civière avec des branches d'arbre et portent Arioste en triomphe jusque sous les murs de sa forteresse.

---

### 63. LE SONGE DU JEUNE ÉLÈVE.

*Sujet et plan.*

Un jeune élève, après une journée consacrée à l'étude, étant allé se promener dans un bois, s'étend sur l'herbe et tombe dans un profond sommeil.

Il se trouve placé, en songe, entre deux chemins, l'un riant et semé de fleurs, l'autre escarpé et conduisant à un temple magnifique qui se perd dans les nues ; il entend une voix céleste qui lui ordonne de choisir. A l'entrée du premier de ces chemins est la Mollesse ; à l'entrée de l'autre est la Vertu.

Ces deux déités se disputent le cœur du jeune homme. La Mollesse fait paraître à ses yeux mille images séduisantes, et lui détaille les peines, les fatigues, les périls qu'il trouvera sur la route opposée. La Vertu, à son tour, tâche de l'enflammer d'un noble enthousiasme pour les belles actions et les utiles travaux, et de lui inspirer pour la Mollesse une horreur salutaire.

Le jeune homme fait son choix.

### 64, 65 et 66. LE PRISONNIER DE GUERRE.

*Sujet et plan.*

1re partie.

Jules, officier français, âgé de vingt-cinq ans, est déjà chef de bataillon ; pendant la guerre de 1812, on l'envoie dans un bois faire une reconnaissance.

Il rencontre un régiment russe ; l'action s'engage, Jules est vainqueur

Le colonel russe, couvert de blessures, allait être immolé par un soldat allemand de la troupe de Jules. Jules sauve le colonel et le fait porter au camp français, après lui avoir donné une lettre de recommandation pour un excellent chirurgien de ses amis.

Jules continue sa reconnaissance dans les bois, et tombe au milieu d'une division russe. Après une résistance opiniâtre, Jules, couvert de blessures, demeure au pouvoir des ennemis.

On le place sur une charrette, sous la garde d'un Cosaque qui doit le conduire en Sibérie.

Après plusieurs jours de marche, Jules, ne pouvant plus supporter le mouvement de la charrette, paraît sur le point d'expirer. Le Cosaque s'arrête auprès d'un vaste château, et demande si l'on veut y recevoir le blessé ; on y consent.

2e partie.

Jules reçoit dans ce château tous les soins que sa position exige, et entre bientôt en convalescence : mais, ni le comte ni la comtesse à qui appartenaient ce château et qui l'habitaient, ne viennent le voir.

Surpris d'une telle conduite, las d'un si cruel, d'un

si pénible isolement, il s'approche un jour de la comtesse qui se promenait dans une vaste serre, car on était alors au milieu de l'hiver, et de l'hiver le plus rigoureux qu'on eût éprouvé depuis longues années. A sa vue, la comtesse fait un mouvement d'horreur et s'évanouit.

Jules, désespéré, et ne pouvant comprendre comment il s'est attiré cette injuste haine, rentre tristement dans sa chambre et n'en sort plus.

3e partie.

Quelques jours après, le comte vient le voir, la comtesse l'appelle auprès d'elle, on le comble des politesses les plus recherchées, la famille ne paraît heureuse qu'avec lui.

La cause de ce caprice apparent lui est bientôt révélée : la comtesse avait à l'armée un fils, qui était colonel, et qu'on lui avait dit avoir été tué par les Français. De là la haine qu'elle éprouvait pour Jules. Elle vient d'apprendre que son fils est vivant et prisonnier, que la générosité d'un officier français lui avait sauvé la vie. De là la faveur qu'elle et son mari témoignent maintenant à Jules.

Quelques jours après, le colonel russe est échangé, et il revient chez ses parents. Il voit Jules, il s'élance dans ses bras : c'était le colonel dont Jules avait été le sauveur.

Les divers détails de ce récit sont susceptibles des développements les plus intéressants.

La campagne de 1812 n'est que trop connue. Napoléon, à la tête de 400,000 hommes, envahit la Russie au mois de juin ; au mois de novembre, l'armée française fut presque entièrement détruite par le froid.

## 67. TRAIT DE PIE IX.

*Sujet et plan.*

Un jeune prêtre, à Rome, voit passer un condamné politique que l'on conduisait à la mort. Il court supplier le pape d'accorder une commutation de peine, et il l'obtient. Le jeune homme (Gaëtano était son nom) est condamné à une prison perpétuelle.

Ce fait est antérieur à celui qui fait le sujet de la narration et sert à l'expliquer. On pourrait cependant faire une narration divisée en deux parties : la première partie serait consacrée au fait qui précède, la seconde au fait qui va suivre.

Vingt-deux ans après, ce prêtre, devenu pape, sous le nom de Pie IX, se rend incognito à la prison, pour juger par lui-même des sentiments du prisonnier et de la manière dont il était traité.

Il est reçu par un porte-clefs dur et brutal, et il reconnaît que Gaëtano est digne de toute sa bienveillance.

Par une ordonnance qu'il rend dans le cabinet même du gouverneur de la prison, il prononce la grâce de Gaëtano et la destitution du porte-clefs.

Cette narration devra consister surtout en dialogues entre le prisonnier et le prêtre inconnu, entre le prêtre et le porte-clefs, entre le pape et le gouverneur.

Ce fait a eu lieu en 1846, année où Pie IX monta sur le trône pontifical. Le nom de famille de Pie IX est *Mastaï*.

Vingt-deux ans auparavant, le pape régnant était Léon XII, qui occupa le saint-siége depuis 1823 jusqu'en 1829, et dont le successeur fut Grégoire XVI, mort en 1846.

---

### 68. KEOVEN.

*Sujet et plan.*

L'empereur du Japon avait fait d'inutiles efforts pour obliger Keoven, un de ses plus fidèles amis et de ses plus habiles ministres, d'abjurer la religion chrétienne qu'il avait récemment embrassée. Enfin, il lui envoie demander l'aîné de ses fils, avec menace de faire périr ce jeune homme dans les tortures, si Keoven ne consentait pas à sacrifier aux idoles. Keoven livre son fils.

Adieux touchants du fils et du père.

Le lendemain, Keoven reçoit l'ordre ou de sacrifier aux idoles, ou de livrer le seul fils qui lui restait, enfant de douze ans.

Dialogue de Keoven et de l'envoyé de l'empereur, qui lui apprend que son premier fils n'est plus. Séparation de Keoven et de son enfant.

Le troisième jour, Keoven est mandé lui-même auprès de l'empereur.

Colère et menaces furieuses de l'empereur, qui lui jure de le réunir à ses deux fils s'il n'abjure pas sa religion.

Vous mettrez dans la réponse de Keoven la fermeté du chrétien, la douleur du père, et l'inébranlable dévouement à l'Empereur, dont cette cruauté injuste ne lui fait pas oublier les anciens bienfaits.

Désarmé par ce langage, et plein d'amiration et d'estime pour ce généreux chrétien, l'empereur lui permet de pratiquer sa religion, et, fidèle à son serment, lui rend ses deux fils dont il lui avait faussement annoncé la mort.

Ce fait a eu lieu dans le XVIe siècle.

Quatre-vingts ans plus tard, la religion chrétienne fut anéantie dans le Japon, à la suite d'une persécution terrible. Le gouvernement japonais ferma aux Européens tous les ports de l'empire, et, depuis ce temps, il n'est permis qu'aux Hollandais d'envoyer, chaque année, au Japon, quelques navires, pour échanger quelques produits des arts de l'Europe contre ceux du pays.

---

## 69. APOLLONIUS.

(Règne de Marc-Aurèle à Rome, de 161 à 180.)

*Sujet et plan.*

Malgré tous les obstacles qu'on lui oppose, le philosophe Apollonius pénètre dans le salon somptueux où Gabinien se livrait à une molle indolence.

Il adresse à ce riche efféminé et fastueux de vifs reproches.

Il lui raconte qu'en ce moment même un vieillard, repoussé par ses esclaves, va expirer de besoin à la porte de son palais.

A ces mots Gabinien paraît légèrement ému.

Apollonius ajoute que ce vieillard a sauvé la vie à l'enfant unique de Gabinien; que si les esclaves dont la négligence avait compromis les jours de l'enfant, empêchent le vieillard de venir réclamer le prix de ce service, c'est par crainte que leur faute ne soit connue.

Peignez la surprise, l'indignation, l'effroi de Gabinien à la nouvelle du danger que son fils a couru.

Apollonius lui fait un court récit de l'événement, dont le hasard l'a rendu témoin.

Vous imaginerez les circonstances.

Gabinien est saisi de honte et de douleur; il court

avec Apollonius au-devant du sauveur de son fils : il remercie le philosophe et lui demande comment il pourra lui prouver sa reconnaissance.

« En faisant du bien, » lui répond Apollonius, qui fait comprendre à ce riche, trop longtemps indifférent et inactif, que sa fortune est un dépôt que la Providence lui a confié, et qu'il n'en jouira véritablement que s'il l'emploie à faire du bien à ses semblables.

Apollonius était un philosophe très-estimé dans Rome et jouissant d'un très-grand crédit. Il avait été le maître de l'empereur Marc-Aurèle et était resté son ami.

---

### 70. SYLLA ET CÉLIUS.

(Épisode des guerres civiles de Rome.)

*Sujet et plan.*

L'impitoyable Sylla s'est emparé de Préneste, ville qui s'était déclarée pour Marius : il a fait rassembler tous les habitants dans une vaste enceinte, et ordonne à ses soldats de les immoler tous.

Parmi ces infortunés qui vont périr, Sylla aperçoit tout à coup Célius, l'ami de son enfance, avec qui il ne s'était pas retrouvé depuis la fin de ses études. Il court à lui, écarte le fer prêt à le percer, lui adresse les paroles les plus tendres, lui promet de le conduire à Rome et de lui faire partager sa puissance, et veut le serrer dans ses bras.

Célius le repousse et l'accable des reproches que mérite sa barbarie; il rejette ses bienfaits odieux, il aime mieux périr avec ses malheureux concitoyens que de vivre et de régner avec leur bourreau.

Sylla s'éloigne en frémissant de douleur et de honte.

Sylla, né à Rome l'an 137 avant J.-C., mourut l'an 78.

Sylla et Marius étaient à la tête de deux partis qui déchirèrent Rome et l'Italie avec une fureur incroyable. Sylla finit par l'emporter, et devint maître absolu de Rome et de tout l'empire romain, sous le titre de *dictateur perpétuel*, dignité qu'il abdiqua un an avant sa mort.

Préneste, aujourd'hui Palestrine, est située à 35 kilomètres E.-S.-E. de Rome.

---

## 71. AGÉSILAS SAUVÉ DANS SON ENFANCE.

Il existait à Sparte ou Lacédémone, célèbre république de la Grèce, un usage inhumain.

On ne laissait vivre que les enfants d'une constitution robuste et qui paraissaient capables de supporter un jour les fatigues de la guerre. Les enfants délicats et faibles étaient jetés dans un abîme, à quelque distance de la ville.

La république de Sparte avait deux chefs héréditaires, qui portaient le titre de *rois*, et qui commandaient les armées.

Cinq magistrats électifs, nommés *éphores*, avaient, dans la direction des affaires, plus de puissance que les rois.

Archidamus fut roi de Sparte de 469 à 427 avant J.-C.; il eut pour fils Agésilas.

*Sujet et plan.*

Trois mois après la naissance d'Agésilas, les éphores viennent examiner l'enfant. Son père, Archidamus, commandait alors l'armée, loin de Lacédémone.

L'enfant leur paraît trop faible; ils le condamnent à périr.

Mais Eupolia, sa mère, à force de représentations, de prières et de larmes, obtient qu'on laissera vivre cet enfant.

Agésilas devint un héros et fut le sauveur de son pays.

Les élèves, en méditant ce sujet, trouveront facilement les raisons que dut faire valoir Eupolia pour obtenir la vie de son fils.

Agésilas fut roi de Sparte de 400 à 361 avant J.-C. Il vainquit les

Perses; il sauva la Laconie, attaquée par une ligue formidable. A l'âge de quatre-vingts ans, il commandait encore avec gloire les armées de son pays.

Agésilas était petit, boiteux et laid; mais son courage et sa grandeur d'âme effaçaient ses imperfections physiques. Xénophon a composé son éloge; Cornélius Nepos et Plutarque ont écrit sa vie.

---

## 72. ACHMET.

Les sultans turcs faisaient ordinairement périr tous leurs parents, afin qu'aucun compétiteur au trône ne troublât leur règne. Cet horrible usage a subsisté longtemps à la cour de Constantinople.

Deux fils du sultan Mahomet III, Achmet et Osmin, élevés ensemble, s'étaient promis que, si l'un d'eux montait sur le trône, au lieu de faire périr son frère, il le traiterait toujours comme son meilleur ami. Ils avaient alors un frère aîné, qui mourut avant leur père.

Mahomet III meurt; Achmet lui succède. Ses vizirs l'excitent sans cesse à sacrifier Osmin à sa sûreté. Il résiste longtemps. Enfin, un soir, il cède et donne l'ordre de faire périr Osmin.

### *Sujet et plan.*

Aussitôt après avoir donné l'ordre de faire périr Osmin, Achmet se jette dans une gondole, pour échapper à ses remords et pour goûter sur le Bosphore le plaisir de la promenade.

Une tempête épouvantable éclate; la foudre tombe sur la gondole, qui va être submergée.

Achmet croit que le ciel en courroux veut le punir. Il fait vœu de sauver Osmin, s'il en est temps encore. La tempête cesse.

Achmet se fait promptement reconduire à terre. Il court au sérail, sauve Osmin qui allait périr, se jette dans ses bras et lui jure un attachement inviolable.

Ce fait s'est passé vers 1606. Achmet ou Ahmed Ier avait alors dix-huit ans, et commençait à régner par lui-même. Il avait succédé en 1603 à son père Mahomet III. Son règne fut généralement doux et modéré.

Le frère d'Achmet se nommait *Mustapha*. Ce nom ayant, dans notre langue, quelque chose de ridicule, nous lui avons substitué celui d'*Osmin.*

Après la mort d'Achmet, arrivée en 1617, son frère Mustapha lui succéda, et servit de père au fils d'Achmet, Othman II, qu'une révolution de palais mit ensuite à la place de son oncle.

---

### 73. JUSTICE ET GRACE.

Pendant les guerres de Charles-Quint et de François Ier en Italie, Pescaire, général espagnol, avait formé un corps d'élite de douze cents hommes, qu'il avait revêtus d'armures dorées. Il les établit dans un bourg muré de la province de Montferrat, sur une montagne escarpée, et, après les avoir exhortés à bien défendre ce poste, il alla chercher des troupes pour les soutenir.

Mais le maréchal de Brissac, qui était à la tête de l'armée française, comprenant combien il lui importait de ne pas laisser l'ennemi se fortifier dans une position qui commandait tout le pays, arriva en toute hâte au pied de la montagne.

Brissac faisait ses dispositions pour l'attaque, lorsque tout à coup de grands cris attirent son attention. Il voit ce qui les cause. C'était un jeune soldat qui, inutilement rappelé par ses camarades, s'élançait hors des rangs. Ce jeune homme court à l'ennemi, décharge à bout portant son arquebuse, la jette par terre, et, l'épée à la main, s'élance dans les retranchements. Ses camarades, n'ayant pu le retenir, s'élancent après lui pour le soutenir ou pour le dégager.

Le maréchal, dissimulant son dépit, donne le signal de l'attaque. Le poste est emporté.

A peine le combat était-il achevé, que Pescaire arriva à la tête de troupes nombreuses. Voyant qu'il était arrivé trop tard et que les Français étaient maîtres du poste, il se retira à la hâte, sans oser combattre.

*Sujet et plan.*

Après la prise du poste et la retraite de Pescaire, le maréchal fait appeler le jeune soldat.

Mettez dans la bouche de l'un et de l'autre des paroles convenables à la situation.

Le jeune homme, coupable d'indiscipline, est chargé de fers et conduit en prison en attendant son jugement.

Désolation et inquiétude de toute l'armée, qui s'intéresse vivement à ce jeune homme à qui est dû le succès de la journée et sans lequel Pescaire serait arrivé à temps pour sauver le poste; murmures contenus par la discipline.

Le conseil condamne le jeune soldat à mort. Brissac, en présence d'une foule nombreuse, lui signifie son arrêt.

Réponse noble et modeste du jeune homme résigné à son sort.

Consternation générale.

Le maréchal reprend la parole. Investi par le roi d'une puissance absolue, il fait grâce au condamné, lui fait présent d'une magnifique chaîne d'or et d'une superbe armure, et l'embrasse. Il termine par quelques paroles graves, sur la discipline, qui est l'âme des armées.

Allégresse universelle.

Le jeune homme s'appelait Roissy.

Parmi les paroles que Brissac lui a adressées, l'histoire a conservé celles-ci :

« Tu as mérité de perdre la vie ; au nom du roi, je te la conserve : mais souviens-toi qu'elle n'est plus à toi, qu'elle lui appartient tout entière, et qu'il se réserve de te la redemander toutes les fois que le service de la France l'exigera. »

---

### 74. LADISLAS.

*Sujet et plan.*

Les Hongrois, malgré l'habileté et la valeur de leur général, sont sur le point d'être vaincus par l'armée ottomane; enveloppé par les Ottomans, le général hongrois ne se défend plus qu'avec peine, il va succomber.

Tout à coup d'une forêt voisine s'élance un chevalier couvert d'armes noires : il rallie les Hongrois, il délivre leur général ; toute l'armée hongroise, se précipitant sur ses traces, remporte une victoire complète.

La nuit est arrivée.

Réunis dans la tente de leur chef, les officiers hongrois se félicitent de leur victoire : le général s'étonne et s'inquiète de ne pas voir au milieu d'eux son libérateur ; qu'est-il devenu ?

Des officiers, des soldats, avec des torches, parcourent le champ de bataille : on trouve enfin le jeune homme, respirant encore, sur un monceau d'ennemis qu'il avait immolés ; on le porte dans la tente du général.

On lui ôte son casque, le général reconnaît son fils Ladislas, qu'il avait banni quelques années auparavant dans un moment de colère. Le père serre dans ses bras le jeune héros et le baigne de ses larmes.

Ranimé par les larmes de son père, Ladislas revient à la vie : ses blessures n'étaient pas mortelles ; l'heureux père et l'heureux fils confondent leurs embrassements.

Ce fait a eu lieu pendant le XVIe siècle, à l'époque où la Hongrie défendait son indépendance contre les Turcs, alors très-redoutables, et où ce malheureux pays était déchiré par des guerres continuelles.

---

### 75. LA DOT DE FANCHETTE.

*Sujet et plan.*

Quelques années avant la révolution de 1789, une dame riche et bienfaisante prend à son service une jeune orpheline nommée Fanchette, l'associe à la plupart des leçons que recevait sa propre fille, et, en lui donnant une belle dot, lui assure un mariage honorable.

Dix ans plus tard, cette dame généreuse, après avoir été obligée de fuir et avoir perdu toute sa fortune, rentre en France dénuée de toute ressource.

Elle apprend que la femme d'un des plus grands personnages de l'époque désire une dame de compagnie. Elle se résigne à aller demander cette place. Elle se présente chez cette dame.... C'était Fanchette!...

Surprise et joie. Fanchette est heureuse de rendre à son ancienne maîtresse les bienfaits qu'elle a reçus d'elle : par le crédit de son mari, elle lui fait recouvrer une partie de ce qu'elle avait perdu.

On peut suivre l'ordre des faits tel qu'il est tracé plus haut, et couper la narration en deux parties, dont l'une sera le développement du premier alinéa, l'autre le développement du troisième et du quatrième.

On peut aussi commencer la narration au moment où la dame bienfaisante et ruinée, cherchant un asile, prend la résolution de solliciter la place de dame de compagnie, et faire connaître les faits antérieurs par des détails habilement intercalés dans le récit.

En devenant puissant et riche, le mari de Fanchette avait changé de nom, ce qui explique la surprise de son ancienne bienfaitrice en la retrouvant.

---

### 76. L'ÉCLIPSE DE LUNE.

*Sujet et plan.*

Christophe Colomb, à son quatrième voyage, est jeté sur les côtes de la Jamaïque.

Les naturels du pays, qui avaient entendu parler des excès commis par les Espagnols dans les autres îles, lui refusent des vivres; il est hors d'état d'en obtenir par la force, et les prières sont impuissantes.

Colomb savait que la nuit prochaine une éclipse de lune devait avoir lieu; il profite de cette circonstance.

Il annonce aux Indiens que dès la nuit prochaine, Dieu irrité de leur inhumanité, va leur faire sentir son courroux; la lune leur refusera sa lumière.

Imaginez les circonstances les plus propres à faire impression sur eux.

Dites quel fut l'effet produit par le discours de Colomb, et peignez la terreur des uns, l'incrédulité moqueuse des autres.

La nuit est arrivée. L'éclipse commence.

On se presse autour de Colomb; on apporte des provisions en abondance; on demande grâce.

Décrivez la consternation générale.

Colomb se montre inflexible jusqu'au moment où il sait que l'éclipse va finir; alors il pardonne.

Peignez la joie des Indiens qui voient la lune reparaître.

Les Indiens n'osent plus rien refuser à un homme qui leur paraît tellement favorisé du ciel.

On sait que Christophe Colomb, qui s'est immortalisé par la découverte du nouveau monde, naquit à Gènes vers 1435, et mourut en 1506. Ce fait a eu lieu en 1502. Déjà, à son deuxième voyage, en 1494, Christophe Colomb avait découvert la Jamaïque, qui appartient aujourd'hui aux Anglais.

On donnait le nom d'Indiens aux naturels des Antilles et de tous les pays qu'on découvrait alors à l'ouest de l'Europe. La race qui habitait ces îles a entièrement disparu.

---

### 77. LE SYLPHE.

On a cru assez longtemps, en Europe, à l'existence de génies ou esprits élémentaires, êtres intermédiaires entre les anges et les hommes.

Les sylphes présidaient à l'air; les gnomes habitaient les profondeurs de la terre; les ondins se jouaient dans les eaux, et les salamandres dans les flammes.

Cette croyance sert de base au récit suivant, dont l'objet est de faire voir quelle est l'excellence du repentir, et combien il est agréable à Dieu.

*Sujet et plan.*

Un sylphe demande la faveur de visiter l'Éden, séjour des anges. L'ange qui en garde l'entrée lui répond qu'il obtiendra cette faveur quand il aura apporté l'offrande qui est la plus agréable au ciel.

Ceci doit être raconté en peu de mots.

Le sylphe descend sur un champ de bataille.

Description.

Il y voit un jeune guerrier expirant pour la défense de sa patrie.

Tableau.

Le sylphe prend une goutte du sang généreux qui sort d'une des blessures du héros, et apporte cette offrande à l'ange. L'offrande est reçue avec plaisir; mais les portes de l'Éden ne s'ouvrent pas.

Le sylphe redescend sur la terre : il entre dans une ville désolée par la peste.

Courte description.

Il pénètre dans un pavillon entouré de jardins, où une jeune femme était venue de bien loin pour soigner son père attaqué par la contagion; elle a sauvé son père; mais, atteinte elle-même par le mal, elle rend le dernier soupir.

Tableau.

Le sylphe recueille ce soupir et va l'offrir aux anges. Ils reçoivent encore avec joie cette offrande; mais les portes de l'Éden restent fermées.

Enfin le sylphe descend au milieu d'affreuses ruines dans un bois épais et sauvage. Là errait un grand coupable, abhorré des hommes et maudissant le ciel. En ce moment arrive dans les ruines un enfant qui s'est égaré : inquiet, mais plein de confiance en Dieu, il se met à genoux et prie. A la vue de l'innocence de cet enfant, tous les bons sentiments se réveillent dans le cœur du coupable, il rougit de lui-même, il implore la miséricorde du ciel, et une larme de repentir tombe de ses yeux.

Ces divers détails seront développés.

Le sylphe s'empare de cette larme et l'apporte aux anges.

L'Éden s'ouvre pour lui.

Cette conclusion doit être racontée en peu de mots.

---

### 78. PAPINIEN[1].

(211 après J.-C.)

Septime Sévère, empereur des Romains (de 193 à 211), laissa, en mourant, l'empire à ses deux fils Géta, âgé de 22 ans, et Caracalla, âgé de 20 ans. Géta était vertueux; Caracalla était un monstre. Pour régner seul, il poignarda Géta entre les bras de Julie, leur mère. Caracalla, après avoir surpassé les crimes des Caligula, des Néron et des Domitien, fut tué en 217.

*Sujet.*

Après avoir donné la mort à son frère, Caracalla s'adressa à Papinien, ancien ministre de son père, célèbre

1. Papinien était né en Phénicie vers 142. On le regarde comme le premier jurisconsulte de l'antiquité.

comme jurisconsulte et comme orateur : il lui commanda d'écrire son apologie et de prouver qu'il était innocent et que Géta était coupable. Cet homme illustre refusa, en prononçant ces paroles devenues célèbres : « Il est plus aisé de commettre un crime que de le justifier. » Le tyran, furieux, le fit périr.

*Plan.*

Le récit du meurtre de Géta ne doit pas entrer dans la narration. Elle commence au moment où le crime vient d'être commis, et où le criminel, en proie à l'épouvante, fait venir l'homme de qui il attend sa justification et son salut.

Caracalla apprend à Papinien ce qui vient de se passer; trouble extrême du tyran; ses paroles artificieuses : « c'est un malheur qui est arrivé malgré lui; il n'a fait que se défendre, etc. »

Peindre la consternation et la douleur de Papinien.

Caracalla le supplie de lui accorder le secours de son éloquence et l'appui de sa vertu : « si Papinien le proclame innocent, tout l'empire le croira. »

Refus de Papinien.

Le tyran s'irrite; il commande, il flatte, il promet, il menace. Tout est inutile.

Enfin la fureur du monstre dépasse toutes les bornes : « il faut obéir ou mourir. »

Papinien préfère la mort.

La narration doit s'arrêter là et laisser entrevoir, sans le raconter, le nouveau crime qui doit suivre.

---

### 79. MORT DE CARLOMAN.

Carloman, second fils de Louis le Bègue, régna sur les Français de 879 à 884, d'abord conjointement avec Louis III, son frère, puis seul, après la mort de Louis III, arrivée en 883.

Cette époque était désastreuse pour la France, réduite à d'étroites limites, déchirée par les dissensions et par l'anarchie, et dévastée par les Normands.

Carloman était généreux et brave. Malgré son extrême jeunesse (il n'avait que dix-huit ans lorsqu'il mourut), il montrait déjà de l'activité et de l'habileté ; et il est probable que, s'il eût vécu, il aurait relevé la gloire de la dynastie carlovingienne et rendu le calme à la France.

*Sujet.*

Carloman, étant à la chasse, fut blessé mortellement d'un trait qu'un des chasseurs de sa suite avait maladroitement lancé à un sanglier. Craignant que pour venger sa mort on ne fît périr ce malheureux, Carloman fit jurer à toutes les personnes de sa suite de dire que c'était le sanglier qui l'avait blessé.

*Plan.*

Description de la chasse. Vous peindrez Carloman, emporté par son ardeur, s'élançant sur le sanglier et luttant avec lui corps à corps. Vous ferez ressortir l'anxiété des témoins de ce spectacle.

L'un des chasseurs, Leuthold, plus attaché au prince que tous les autres, lance son trait au sanglier ; mais, en ce moment même, le sanglier, percé par le glaive du prince, venait de tomber, et c'est Carloman qui est atteint par le trait de Leuthold.

Tableau de la douleur générale ; désespoir de Leuthold, qui veut se percer de son épée.

Carloman console Leuthold et lui ordonne de vivre. Recueillant ce qui lui reste de forces, il recommande aux chasseurs réunis autour de lui de veiller sur l'infortuné qui lui a donné la mort en voulant le sauver, et, de peur que Leuthold ne soit victime ou de la fureur populaire, ou du courroux de son oncle l'empereur Charles le Gros, qui devait lui succéder, il leur commande de dire que c'est sous les coups du sanglier que Carloman a perdu la vie. Tous jurent de lui obéir. Il expire.

Ce n'est qu'après la mort de Leuthold qu'on sut la vérité sur l'événement qui termina la vie du jeune prince.

---

### 80. SALVATOR ROSA.

Il existe un tableau célèbre de Salvator Rosa, dont voici l'esquisse :

Le tableau représente une solitude d'un aspect sauvage et sublime, dans les Apennins. Çà et là sont groupés des brigands dont la physionomie, l'attitude, le costume, sont aussi variés que pittoresques. Sur le bord d'un rocher est un beau jeune homme, fier et calme, que le chef des bandits menace de précipiter dans l'abîme. Une femme d'une beauté fière et sauvage, tenant d'une main son enfant, ordonne d'un air menaçant à ce chef d'épargner le jeune homme; et, à la contenance du chef et de ses compagnons, il est aisé de voir que les ordres de cette femme ne seront pas méprisés et que la vie du jeune homme sera respectée.

Ce tableau de Salvator Rosa représente une aventure de sa jeunesse.

*Sujet et plan.*

Plein d'enthousiasme pour les arts, et espérant trouver dans les Apennins de beaux modèles de paysages, Salvator Rosa ose s'aventurer dans ces montagnes, alors infestées par les bandits.

Il a le malheur de tomber entre leurs mains.

Au lieu de s'en affliger, il s'en réjouit : obligé de les suivre dans des retraites presque inaccessibles, il voit, grâce à eux, des paysages sublimes, dont sa mémoire conserva l'image, et qu'il reproduisit plus tard sur la toile.

Fatigué de le nourrir, le chef des brigands fixe un jour après lequel, s'il n'a pas fait venir de Rome une forte rançon, il sera précipité du haut d'un rocher.

Le jour fatal est arrivé : point de rançon. Le brigand furieux va exécuter ses menaces.

Mais l'épouse du bandit a pris le jeune homme sous sa protection ; elle l'a vu se faire l'ami de son enfant et lui enseigner le dessin ; elle demande, ou plutôt elle exige sa grâce ; elle menace son mari plus qu'elle ne l'implore.

Le brigand, qui redoute son épouse, laisse partir Salvator sans exiger de rançon.

Cette narration peut se diviser en deux parties : Salvator tombant au pouvoir des brigands ; Salvator sauvé par l'intervention de sa protectrice. Dans la première comme dans la seconde, peuvent trouver place des développements pleins d'intérêt, des tableaux pittoresques, un dialogue animé, quelques discours de peu d'étendue.

On peut aussi ne développer que la seconde partie, commencer le récit à l'instant fatal indiqué par les menaces du brigand, et faire comprendre par les paroles des divers personnages les événements qui ont précédé.

Salvator Rosa, habile musicien et excellent poëte, est surtout célèbre comme peintre. Né auprès de Naples en 1615, il alla s'établir à Rome à l'âge de vingt ans ; il y mourut en 1673.

Les tableaux de ce grand artiste sont remarquables par une hardiesse extraordinaire, ainsi que par un coloris énergique et par une composition savante.

---

## 81. LES DEUX MOINES.

L'Europe, dans les temps anciens, ignorait comment se faisait la soie, et achetait cette précieuse production au poids de l'or. On la tirait, à grands frais, d'un pays lointain dont on ne savait pas même le nom. Ce pays est la Chine. La Chine seule, alors, possédait l'insecte qui file la soie.

Sous le règne de Justinien, cette belle industrie se propagea en Europe, grâce au courage persévérant de deux moines.

*Sujet et plan.*

Deux moines grecs, ayant pénétré jusqu'en Chine,

y observent avec admiration les travaux du ver à soie et les fabriques d'étoffes.

Ils conçoivent le projet de doter de cette source de richesses les nations chrétiennes.

Ils remarquent que la brièveté de la vie de ces insectes en rend le transport impossible, mais que les œufs peuvent être transportés dans une autre contrée et y éclore.

Ils cachent des œufs de vers à soie dans une canne creuse et s'acheminent vers leur pays, au milieu de ces peuples qui les eussent fait périr s'ils eussent soupçonné leur secret.

Décrivez en peu de mots les dangers qu'ils courent, les fatigues qu'ils essuient dans la Chine, dans la Tartarie, dans l'Inde, dans la Perse.

Enfin ils ont passé l'Euphrate qui séparait alors l'empire d'Orient du royaume de Perse ; ils tombent à genoux et remercient Dieu.

Ils arrivent à Constantinople ; ils sont admis devant Justinien ; ils lui font hommage de leur précieuse conquête.

Paroles simples et modestes qu'ils lui adressent.

L'empereur loue leur patriotisme et leur courage, les remercie du service signalé qu'ils viennent de rendre à l'empire, et leur dit qu'ils ont fait plus pour la prospérité du monde que les plus grands hommes d'État et les guerriers les plus célèbres.

On fit éclore les œufs ; les vers travaillèrent et se multiplièrent comme dans le pays d'où ils étaient originaires. La Grèce se couvrit de mûriers. L'industrie de la soie passa ensuite en Italie, et de là dans la France, dont elle est une des plus grandes richesses.

L'empereur d'Orient Justinien régna de 527 à 565.

## 82. OWINSKO.

*Sujet et plan.*

Le roi de Pologne Étienne, après un long siége, s'est rendu maître par surprise de la ville de Polotzk, que l'intrépide Owinsko, à la tête d'une garnison russe, avait admirablement défendue. Owinsko et ses soldats sont au pouvoir d'Étienne.

Plein d'admiration pour Owinsko, le vainqueur lui accorde, ainsi qu'à ses compagnons d'armes, la liberté de retourner en Russie ou d'accepter en Pologne un établissement avantageux. Il les engage à préférer le second parti, afin de se soustraire à la fureur de leur czar Ivan, tyran féroce qui n'avait jamais pardonné à ceux de ses guerriers qui s'étaient laissé vaincre.

Owinsko répond en son nom et au nom de ses compagnons d'armes : ils aiment mieux s'exposer à toute la fureur d'Ivan que de trahir le serment qui les lie à leur drapeau et à leur pays.

Étienne répond à ce noble refus par des paroles d'admiration et de regret, et laisse partir Owinsko et ses soldats, après les avoir comblés des marques de sa générosité.

Polotzk, ville de Lithuanie sur la Dvina (la Lithuanie était alors unie à la Pologne), avait été prise par les Russes. Étienne Battori, roi de Pologne, la reprit sur eux en 1579. Polotzk fait actuellement partie du gouvernement russe de Vitepsk.

Ivan IV Wasilievitch (c'est-à-dire Jean IV, fils de Basile) fut czar de Russie ou de Moscovie de 1533 à 1584. Il a été surnommé *le Terrible*. C'était un tyran féroce, qui exerça sur les peuples vaincus et sur ses propres sujets des cruautés inouïes. Il faisait périr dans les supplices ceux de ses soldats qui avaient eu le malheur d'être vaincus.

Il fit cependant une exception en faveur d'Owinsko.

## 83. HENRI DE LANCASTRE.

*Sujet et plan.*

Henri de Lancastre, prince de Galles, fils du roi d'Angleterre, étant encore fort jeune, se livrait, avec d'autres jeunes gens, à de coupables extravagances : il se plaisait surtout à courir la ville la nuit, à arrêter les passants et à les battre.

Un des compagnons de ses folies est cité en justice; le prince ose l'accompagner devant le tribunal; il espère intimider ou gagner les juges.

Dépeignez cette scène, l'entrée du prince dans la salle, l'étonnement de l'assistance, le mécontentement des juges et surtout du président, homme ferme et sévère.

Le prince adresse d'abord aux juges des paroles polies et flatteuses; puis, comme il voit qu'il produit peu d'impression, il se montre altier et menaçant.

Le président, après avoir adressé au prince quelques mots polis, mais fermes, prononce la condamnation du coupable.

Furieux, le prince s'élance vers le président pour le frapper.

D'un geste plein de dignité, le président l'arrête, et, au nom du roi, lui commande de se rendre en prison.

Paroles du président, fermes et sévères sans rudesse.

Le jeune prince, qui sent son tort et qui craint son père, obéit sur-le-champ.

Quelques années plus tard, le prince, par la mort de son père, devient roi : il envoie chercher le président.

Il le remercie de la leçon qu'il avait donnée à sa jeunesse; il le prie de l'aider de ses conseils, et lui annonce qu'il a chassé de sa présence tous ceux qui avaient favorisé et partagé ses désordres.

Le fils aîné des rois d'Angleterre porte le titre de prince de Galles.

Ce jeune prince devenu roi porta le nom de Henri V.

Son père, Henri IV, était le chef de la maison de Lancastre; il avait détrôné son cousin Richard II.

Henri IV a régné de 1399 à 1413; Henri V, de 1413 à 1422.

Le président du tribunal (ou lord chef de justice) qui envoya en prison le jeune Henri (le prince y resta deux heures) se nommait William Gascoigne.

---

## 84. IMPRUDENCE ET DÉSESPOIR D'UN PÈRE.

(1343.)

*Sujet.*

Humbert, dauphin de Viennois, en jouant avec son fils André, le laissa tomber dans le Rhône. L'enfant se noya. Le père, désespéré, renonça pour jamais au monde et fit don de sa principauté à la France.

*Plan.*

Cette narration se divise naturellement en deux parties.

Dans la première, on peindra la tendresse réciproque du père et du fils, et les jeux de l'enfant sur la terrasse le long du fleuve par une belle soirée d'été, jeux que son père encourage en s'y associant.

A ces peintures riantes et gracieuses succéderont des tableaux d'une couleur sombre et funèbre : l'accident fatal; l'effroi du père et de tous les gens de sa maison ; les courses des bateaux et des plongeurs qui la nuit, à la lueur des torches, sillonnent le fleuve dans tous les sens; le désespoir d'Humbert quand on lui rapporte les tristes restes de l'enfant qu'il chérissait et dont il a involontairement causé la mort.

Humbert possédait en toute souveraineté, sous le titre de dauphin de Vienne, de comte de Vienne ou de comte dauphin, la province connue sous le nom de *Dauphiné*, et qui forme aujourd'hui trois de nos départements, l'Isère, la Drôme et les Hautes-Alpes.

Ce pays était séparé de la France depuis 879, et faisait partie du royaume de Bourgogne, créé à cette époque, appelé aussi *royaume d'Arles*.

Lors de la dissolution du royaume d'Arles, en 1032, après la mort de Rodolphe le Fainéant, les comtes de Vienne, seigneurs très-puissants, devinrent indépendants, et acquirent successivement, par conquête ou par héritage, tout le territoire qui forme la province du Dauphiné.

Les comtes de Vienne s'appelaient *dauphins*, parce que, dit-on, ils portaient l'image d'un dauphin sur leur casque; de là le nom donné à la province.

Humbert II, dont il est question dans cette narration, fut le dernier dauphin de Vienne. En cédant sa province à la France, il y mit pour condition que le fils aîné des rois de France porterait toujours le titre de *dauphin*.

Jean, duc de Normandie, fils du roi Philippe de Valois qui régnait alors, fut le premier héritier de la monarchie française qui porta le titre de *dauphin*.

Vienne, sur le Rhône (en latin *Vienna*, qu'il ne faut pas confondre avec Vienne en Autriche, en latin *Vindobona*), a eu autrefois une très-grande importance; ses archevêques (ce siége est aujourd'hui réuni à celui de Lyon) portaient le titre de *primats des Gaules*. C'est aujourd'hui un simple chef-lieu d'arrondissement du département de l'Isère.

Humbert II, né en 1312, fils du dauphin Jean II, avait succédé en 1333 à son frère Guigues VIII. Il établit un conseil supérieur de justice qui fut ensuite appelé le *parlement de Dauphiné*, et fonda une université à Grenoble.

Après la mort de son fils, il vécut trois ans dans une profonde retraite; puis il se croisa contre les Sarrasins. Il prit ensuite l'habit religieux, et fut nommé patriarche d'Alexandrie. Il allait échanger cette dignité pour celle d'évêque de Paris, lorsque la mort l'enleva, en 1355, à l'âge de 44 ans.

---

### 85. CRILLON A MARSEILLE.

En 1596, les Espagnols, maîtres du port de Marseille, menaçaient cette ville, que défendaient, avec peu de troupes, le jeune duc de Guise, gouverneur de Provence, et le brave Crillon.

*Sujet et plan.*

Guise, avec l'étourderie de son âge, parie contre quelques amis qu'il fera peur à Crillon, qui, disait-on, n'avait jamais eu peur.

Au milieu de la nuit, par l'ordre de Guise, l'alarme est donnée : tumulte affreux dans toute la ville; les troupes de la garnison, comme battues et poursuivies par l'ennemi, passent sous les fenêtres de Crillon en poussant des cris de détresse.

Guise lui-même se précipite dans la chambre de Crillon, lui dit que les Espagnols, au nombre de cinquante mille, viennent de s'emparer de Marseille; qu'il reste à peine aux deux généraux le temps de sauver leurs personnes; qu'il faut fuir sur-le-champ s'il ne veut pas être pris.

Crillon, qui s'était habillé à la hâte, gourmande sévèrement son jeune collègue et le somme de ne point déserter son poste et de venir avec lui délivrer Marseille ou périr; il va s'élancer hors de son appartement.

Confusion du jeune duc; il arrête Crillon, lui avoue son extravagant stratagème, implore son pardon, exprime l'admiration qu'il éprouve.

Mécontentement de Crillon, sévères reproches.

On sait que Crillon, surnommé *le Brave*, fut l'un des plus célèbres lieutenants de Henri IV.

Ce jeune duc de Guise était fils de celui que Henri III fit périr; Henri IV, l'ayant reçu en grâce, lui donna le gouvernement de la Provence, pour lui montrer qu'il ne conservait contre lui ni ressentiment ni défiance.

On raconte que lorsque Guise avoua à Crillon qu'il avait donné cette fausse alarme pour essayer de lui faire peur, les premières paroles de Crillon furent : « Il est heureux pour toi, jeune homme, que tu n'aies pas réussi; car, si tu étais parvenu à me faire faire une action indigne de moi, je t'aurais enfoncé ma dague dans le cœur. »

## 86. LE WILDGRAF[1].

(Légende[2].)

*Sujet et plan.*

Un seigneur farouche, la terreur de la contrée, justement surnommé le Wildgraf, s'apprête à partir pour la chasse : c'est dans un jour consacré au culte du Seigneur ; on lui en fait l'observation, il répond par un sourire de dédain et part : il a une suite brillante et une meute nombreuse.

Un cerf est lancé. Poursuivi par le chasseur, l'animal sort du bois et s'enfuit à travers les champs. La plaine était couverte de beaux épis qui promettaient une riche moisson ; sur les coteaux étaient des vignes qui annonçaient une belle vendange.

Le chasseur va s'élancer à travers les champs et les coteaux ; on lui adresse des observations, il y répond avec mépris et avec fureur, et se précipite dans la plaine. Les chevaux, les chiens ravagent ce riche canton, qui bientôt n'offre plus qu'un spectacle de dévastation et d'horreur.

Cependant le cerf, épuisé, se réfugie dans la cabane d'un pauvre vieillard. Le vieillard prend pitié de l'animal et prie le chasseur de l'épargner ; le chasseur, furieux, fait mettre le feu à la cabane et pousse son cheval sur le vieillard.

A ce dernier trait d'inhumanité, le courroux céleste éclate : la terre s'ébranle, un bruit terrible se fait en-

1. Le mot *wildgraf* signifie en allemand comte sauvage ; il désigne un seigneur ou un prince inhumain, un tyran barbare et grossier dans ses habitudes.

2. Le mot *légende*, pris en ce sens, signifie un récit populaire qui, dans certaines contrées, se transmet de génération en génération, et auquel sont quelquefois mêlées des circonstances merveilleuses.

La légende qui fait l'objet de cette narration est célèbre sur les bords du Rhin.

tendre, et le chasseur féroce, à la vue de ses compagnons éperdus, tombe englouti dans un gouffre enflammé.

Pour donner à cette narration un intérêt dramatique, vous pouvez supposer que deux conseillers, placés aux côtés du wildgraf, l'excitent en sens contraire; l'un lui parle le langage de la raison et de l'humanité, l'autre attise en lui le feu de sa fureur criminelle; symboles : le premier, de la voix de la conscience : le second, de celle de la passion.

Le style de cette narration doit être animé et même poétique.

---

### 87 et 88. MORT DE RICHARD CŒUR DE LION.

Richard Cœur de Lion, roi d'Angleterre, était le plus brave chevalier de son temps, mais trop emporté et cédant trop follement aux premiers transports de sa colère.

Du chef de sa mère, il possédait, sous la suzeraineté du roi de France, la Guyenne et ses annexes, et, en outre, le Poitou, le Limousin, l'Angoumois, la Saintonge. Il tenait de son père Henri (prince français de la famille des Plantagenets) l'Anjou et la Touraine, ainsi que la Normandie et le royaume d'Angleterre.

*Sujet.*

En 1199, Richard apprit que le seigneur de Chalus, dans le haut Limousin, avait découvert un trésor : il réclama ce trésor en qualité de souverain du pays.

Le seigneur de Chalus répondit que c'était le roi de France qui était le souverain du pays, et refusa de livrer le trésor à Richard.

Richard, furieux, rassemble quelques troupes et accourt à Chalus, décidé à emporter le château de vive force.

Une flèche lancée du haut d'une tour le blessa mortellement. Le château fut emporté d'assaut. Richard pardonna à son meurtrier, et ordonna qu'on le laissât partir sans lui faire aucun mal.

*Plan.*

1re partie.

A la nouvelle de l'arrivée de Richard et de ses soldats, on s'attend à l'assaut pour le lendemain, et on se prépare à le repousser.

Tableau de l'intérieur du château de Chalus.

Un guerrier inconnu arrive.

Portrait de ce guerrier.

Il se présente au seigneur de Chalus comme un défenseur; il est, dit-il, habile à manier l'arc et demande à être placé sur la tour la plus élevée.

En lui accordant sa demande, le seigneur de Chalus lui recommande de ne pas tirer sur Richard; décidé à se défendre contre lui à outrance, il veut néanmoins respecter en lui son suzerain, un roi, un héros.

Faites entrer ces paroles ou d'autres équivalentes dans un dialogue, et mettez une réponse évasive dans la bouche de l'inconnu.

Le lendemain, au lever de l'aurore, l'assaut se donne.

Détails.

Richard, selon son habitude, ne s'inquiète d'aucun danger; du haut de la tour la plus élevée, une flèche part; Richard est atteint, on l'emporte sous sa tente.

2e partie.

Richard, mortellement blessé, est étendu dans sa tente et entouré de quelques chevaliers; sa fureur s'exhale en cris et en menaces terribles contre son meurtrier.

Tableau.

On vient lui apprendre que le château est emporté d'assaut ; que son meurtrier a été pris vivant ; qu'on le lui amène.

La porte de la tente s'ouvre, et, en présence de Richard, paraît l'homme qui lui a donné la mort.

Dépeignez la contenance de cet homme et l'expression de ses traits.

Reproches et menaces de Richard ; il croit que cet homme l'a frappé par imprudence.

L'inconnu lui répond avec fierté et le détrompe : il n'a point agi par mégarde ; s'il a atteint le roi d'Angleterre, c'est qu'il l'a visé.

Étonnement et courroux de Richard : questions.

L'inconnu répond que son nom est Bertrand de Gourdon ; que Richard autrefois, dans un accès de fureur, a tué son père ; qu'il a, lui, juré de venger son père ; qu'il a voulu tuer Richard et l'a tué loyalement, dans un combat.

A ces mots, la fureur de Richard se calme : il pardonne à son meurtrier ; il lui accorde la vie et ordonne qu'on le laisse partir en liberté, sans lui faire aucun mal.

Alors Bertrand se sent déchiré par le remords ; il a horreur de lui-même ; il tombe aux pieds de Richard, qu'il arrose de ses larmes ; il se déclare indigne du pardon qui lui est offert.

Richard lui adresse quelques paroles bienveillantes et généreuses, et expire.

Tableau.

Chalus est un chef-lieu de canton du département de la Haute-Vienne. On y voit encore les ruines du château et les débris de la tour d'où la flèche de Bertrand de Gourdon fut lancée.

---

## 89 et 90. LE JEUNE BERGER.

(1688.)

*Sujet et plan.*

1re partie.

Dans la partie méridionale de l'Écosse, un enfant de seize ans, nommé James, était chargé de garder sur des montagnes désertes les troupeaux appartenant à une ferme située dans la vallée.

Vous décrirez la vie solitaire qu'il menait dans ces lieux sauvages.

Il n'allait dans cette ferme que le samedi soir pour y passer le dimanche et renouveler ses provisions.

Un jour, un homme s'offre tout à coup à sa vue : c'était un seigneur anglais, du parti de Guillaume d'Orange, condamné à mort par les tribunaux de Jacques II, et poursuivi par des soldats; il avait perdu son cheval, s'était foulé le pied, ne pouvait plus marcher et n'avait pas mangé depuis quarante-huit heures.

Dialogue de l'enfant avec lord William (c'était le nom du proscrit).

William se confie à l'enfant et ne lui laisse pas ignorer que, s'il veut le livrer, il recevra une récompense; que, s'il vient à son aide, il s'expose.

James donne ses provisions au proscrit, le conduit dans une caverne connue de lui seul, le nourrit et le soigne pendant plus de deux mois sans que personne puisse rien soupçonner.

2e partie.

Lord William est à peu près guéri ; il veut sortir de sa triste retraite ; il donne à l'enfant quinze guinées pour lui acheter un cheval.

Le dimanche suivant, James, sans défiance, va dans une petite ville voisine de la ferme pour marchander un cheval.

Décrivez les diverses scènes que cette tentative de sa part dut occasionner.

Quinze pièces d'or entre ses mains !... on croit qu'il les a volées. Ses protestations, ses larmes ne servent de rien ; il ne peut, il ne veut pas dire d'où lui vient cet or, ce serait exposer à une perte certaine l'étranger qu'il a sauvé. On le jette en prison.

Cependant lord William s'inquiète de ne pas voir revenir l'enfant ; il tremble qu'il ne lui soit arrivé quelque malheur. Pendant la nuit il se traîne à la petite ville ; là il apprend que le lendemain matin on doit juger un jeune berger qui a volé des pièces d'or.

Il comprend tout : le généreux enfant qui lui a sauvé la vie va perdre son honneur pour ne pas le dénoncer. William ne le souffrira pas ; il aime mieux se livrer lui-même.

Il entre dans la salle du tribunal.

Décrivez ce qui se passait alors.

L'enfant protestait de son innocence, mais refusait opiniâtrément de dire d'où lui venait cet or. William s'élance, il serre l'enfant dans ses bras et l'arrose de ses larmes ; il raconte tout aux juges et se livre à eux.

En cet instant de grands cris retentissent : on apprend qu'une révolution vient d'éclater ; que Jacques II est détrôné et en fuite ; que toute l'Angleterre a reconnu pour roi Guillaume d'Orange.

Lord William, qui recouvre ses dignités et ses biens, ne veut plus se séparer de James. Il se charge de son éducation et de son avenir, et prend l'engagement de le traiter comme son fils.

La guinée est une pièce d'or anglaise qui vaut 26 fr. 47 c.

Jacques II (Stuart), devenu roi d'Angleterre en 1685, régna au milieu des troubles et des conspirations, et fut enfin, en 1688, chassé par les Anglais, qui élurent à sa place son gendre Guillaume d'Orange, stathouder de Hollande, connu dès lors sous le nom de Guillaume III.

---

## 91. MORT DE BONCHAMP.

(18 octobre 1793.)

La Vendée (on désigne sous ce nom une grande partie du département de la Vendée, des Deux-Sèvres, de Maine-et-Loire et de la Loire-Inférieure) avait pris les armes contre la Convention nationale, qui gouvernait alors la France : nobles, prêtres et paysans s'étaient soulevés et avaient formé l'*armée royale et catholique*. Ils remportèrent d'abord de grands avantages sur les troupes républicaines. Cette guerre civile fut signalée par de cruels excès, surtout de la part des républicains.

Vers le milieu d'octobre, toutes les colonnes républicaines se sont réunies pour écraser la Vendée. L'armée, forte de trente mille hommes, sous le commandement de Kléber et de Marceau, après avoir pris, perdu et repris Châtillon (Deux-Sèvres), occupe Chollet.

L'armée vendéenne, à quelque distance, occupe Beaupréau; elle compte environ quarante mille combattants. Avec eux sont plus de cinquante mille femmes, enfants et vieillards. A leur tête sont d'Elbée, Bonchamp, La Rochejaquelein.

L'armée vendéenne, laissant à Beaupréau les vieillards, les femmes et les enfants, vient attaquer Chollet. Le combat commence à deux heures. Des deux côtés, l'acharnement est le même. Enfin la victoire se décide pour l'armée républicaine. D'Elbée et Bonchamp étaient grièvement blessés. Les Vendéens emportent leurs généraux mourants et se retirent à Beaupréau.

Le lendemain, les Vendéens, dès l'aurore, au milieu d'un désordre inexprimable, effectuent leur retraite vers les bords de la Loire. Ils arrivent à Saint-Florent, sur la rive gauche de ce fleuve. Les prisonniers de guerre appartenant à l'armée républicaine, au nombre de quatre mille, sont renfermés dans l'église de cette petite ville. Les Vendéens s'arrêtent quelques heures à Saint-Florent, pour se délivrer de leurs prisonniers, qui les embarrassaient dans leur retraite, et pour recevoir les derniers soupirs de Bonchamp, dont la blessure était mortelle.

*Sujet.*

Bonchamp est étendu sur un matelas, au milieu d'une prairie, non loin de l'église de Saint-Florent; il a reçu les secours de la religion, il va expirer; ses compagnons l'entourent.

Il s'inquiète de ce que vont devenir les prisonniers; on lui apprend qu'ils vont être fusillés.

Recueillant ses forces expirantes, il demande, il exige leur grâce; il l'obtient et rend le dernier soupir.

*Plan.*

La narration commence au moment où les Vendéens, accablés de douleur et enflammés du désir de la vengeance, entourent leur général expirant.

On peut quitter un instant cette scène si intéressante et si triste pour se transporter dans l'église, où les prisonniers attendent le moment de leur supplice; tous, quoique agités de sentiments divers, conservent l'intrépidité du caractère français.

De là on retournera auprès du lit de douleur.

Le jeune héros, recueillant ce qui lui reste de force, demande à ses compagnons une dernière grâce :

Il demande la vie des captifs, au nom de la religion, au nom de l'humanité, au nom de l'honneur de la Vendée.

Résistance des chefs vendéens, aveuglés par la fureur et par la vengeance.

Bonchamp insiste avec tant d'énergie que tous les cœurs cèdent à sa voix. La grâce des captifs est prononcée par acclamation; les portes de l'église s'ouvrent pour eux; ils sont libres d'aller rejoindre leurs frères d'armes.

Ces quatre mille hommes arrivèrent à Chollet quelques heures après, en criant : *Vive Bonchamp !*

Mais ce jeune héros n'était plus.

Un décret de la Convention excepta madame de Bonchamp, sa

veuve, de l'arrêt de proscription lancé contre les familles des chefs vendéens.

Artus de Bonchamp était né dans l'Anjou en 1759. Il avait servi en Amérique, contre les Anglais.

---

### 92. ESCHINE ET DÉMOSTHÈNE.

Démosthène et Eschine, à Athènes, étaient ennemis politiques et rivaux d'éloquence.

Eschine crut avoir trouvé une occasion favorable pour perdre son rival; il intenta un procès qui devait entraîner pour le moins le bannissement et la ruine de Démosthène.

D'après les lois de cette république, tout accusateur qui succombait sans avoir eu en sa faveur un certain nombre de suffrages, était condamné à la peine que l'accusé (s'il eût été condamné) aurait dû subir.

Cette loi fut appliquée à Eschine.

Son attaque était injuste; la haine l'avait aveuglé. Démosthène, qui prononça en cette occasion le plus beau discours qui soit jamais sorti de la main des hommes, fut absous d'une voix unanime; Athènes reconnut en lui non-seulement le plus éloquent, mais encore le plus pur et le plus dévoué de ses citoyens.

*Sujet et plan.*

Eschine est vaincu et déclaré calomniateur; sa ruine est consommée; un exil éternel va être son partage; ses anciens amis politiques l'ont tous abandonné. Il erre tristement dans un bocage sur le bord de la mer, non loin du Pirée, en attendant que le navire qui doit le transporter loin de sa patrie mette à la voile. Il s'abandonne aux plus douloureuses réflexions.

Un homme, un seul, ne s'éloigne pas de cet infortuné; cet homme cherche Eschine dans l'épaisseur du bocage; il l'aborde, il lui offre des consolations, il parvient à les lui faire agréer.

Entretien de ces deux hommes; irritation d'Eschine désarmée par la générosité de son interlocuteur.

Leurs larmes se confondent, et l'exilé accepte l'or

que son nouvel ami lui offre pour pourvoir aux besoins de son voyage et de son installation sur une terre étrangère. Mais Eschine peut-il trop regretter une patrie où il trouve plus de générosité dans un ennemi qu'on n'en trouve souvent ailleurs dans un ami ?

Car cet homme était Démosthène.

Ce fait a eu lieu l'an 338 avant J.-C.

Le Pirée, principal port d'Athènes, est éloigné de 8 kilomètres de la ville, à laquelle il était réuni par deux longues murailles.

---

### 93. ROBERT BRUCE.

Les Anglais, sous le règne d'Édouard Ier, avaient conquis l'Écosse et la tyrannisaient cruellement. Robert Bruce, comte d'Annandale, et le brave Wallace, avaient vainement lutté contre eux avec un courage digne d'un meilleur succès; Wallace avait péri, Robert Bruce n'était plus, et ses deux fils, Robert et Edmond[1], étaient retenus captifs à Londres.

Édouard II avait succédé à son père, et ne montrait ni la même fermeté ni les mêmes talents.

Le jeune Robert Bruce forme le dessein d'aller soulever l'Écosse contre les Anglais et de rendre la liberté à sa patrie. Il s'échappe de Londres avec son frère Edmond, pour se rendre par mer dans une petite ville d'Écosse où ses partisans l'attendent, prêts à relever, sous sa conduite, l'étendard de l'indépendance nationale.

*Sujet et plan.*

Robert et Edmond, seuls dans une barque, tâchent de se diriger vers la ville où leurs amis les attendent. La tempête les en éloigne.

Tableau d'une nuit sombre et orageuse.

La barque est obligée de se réfugier dans une crique, au pied d'un château splendidement illuminé.

1. Son nom était *Édouard;* nous l'appelons *Edmond*, pour éviter la confusion des noms.

Un chef écossais, Ronald, maître de ce château, donnait une fête à ses voisins et à quelques Anglais. Les deux jeunes inconnus sont introduits dans la salle du festin.

Tableau ; joie des convives.

Bientôt les Anglais, échauffés par le vin, s'emportent jusqu'à l'insolence. L'un d'eux, dans une chanson guerrière, célèbre les victoires que ses compatriotes ont remportées sur l'Écosse.

Ce chant irrite Robert et Edmond; leur indignation éclate.

Tableau de la confusion qui succède à l'allégresse de la fête.

Les Anglais, furieux, exigent que Ronald fasse charger de chaînes les deux inconnus et les livre à leur vengeance.

Robert alors se nomme. Il somme Ronald de choisir sur-le-champ entre l'Écosse et ses tyrans, de le livrer aux Anglais ou de se déclarer leur ennemi.

Ronald voit le péril auquel il s'expose; mais il ne saurait hésiter : il déclare qu'il défendra Robert et Edmond jusqu'à la mort. Les Anglais, furieux, sortent de la salle, et la guerre contre l'Angleterre est proclamée.

Cette guerre fut heureuse. Robert Bruce parvint à délivrer l'Écosse, qui le choisit pour son roi.

Le fait raconté dans cette narration peut être rapporté à l'année 1306.

L'Écosse, qui, avant la conquête d'Édouard Ier, avait toujours formé un État séparé de l'Angleterre, recouvra ainsi son indépendance et la conserva.

En 1603, un roi d'Écosse, Jacques Stuart, monta sur le trône d'Angleterre; et, depuis cette époque, les deux couronnes furent réunies.

### 94. DELMANCE.

(Épisode des Vêpres siciliennes, 1282.)

*Sujet.*

A l'époque des Vêpres siciliennes, un Français, renommé dans toute l'île par sa vertu, fut sauvé par un de ses amis.

C'est ce fait, donné par l'histoire, qui sera le sujet de votre narration. Vous nommerez ce Français Delmance [1], vous donnerez à son ami le nom de Flavio.

*Plan.*

Pendant que la conjuration se trame, Delmance est absent, et Flavio se félicite de cette circonstance, qui met son ami à l'abri du danger.

Tout à coup le matin du jour fatal, Delmance arrive à Messine et court chez son ami. Joie de Delmance; effroi de Flavio, qui voit que son ami est perdu; Flavio, lié par un serment, ne peut l'avertir du danger.

Conversation des deux amis. Delmance ne sait comment interpréter le trouble affreux qui agite Flavio; mais son âme loyale est bien loin de soupçonner le crime qui se prépare.

A force de prières et d'instance, Flavio, qui a conduit Delmance dans un pavillon isolé de sa maison, obtient de lui qu'il y attendra son retour; il promet de lui expliquer plus tard ce mystère; il l'y renferme en le mettant dans l'impossibilité de sortir; puis il court dire à ses complices d'être sans inquiétude; qu'il se charge d'immoler Delmance.

Agitation de Delmance enfermé dans le pavillon. La la cloche des vêpres sonne; des cris affreux parviennent à ses oreilles; il veut sortir; efforts inutiles.

1. Il s'appelait Guillemin Porcelet ou Desporcelets.

La nuit est arrivée ; Flavio paraît devant lui et lui révèle les affreux événements de la journée ; pour lui, ses mains sont restées pures du sang des Français, et maintenant il va sauver Delmance : une barque, préparée par ses soins, l'attend sur le rivage de la mer.

Douleur et indignation de Delmance ; il demande des armes, il veut s'élancer sur les assassins, venger ses frères et périr comme eux.

Flavio parvient à le calmer. Minuit sonne. La nuit est orageuse et sombre. Les deux amis traversent les rues de Messine ; sentiments qu'éprouve Delmance en parcourant cette ville criminelle. On arrive auprès de la barque.

Adieux des deux amis.

---

### 95. FLAVIO.

*Sujet et plan.*

Le lendemain de l'évasion de Delmance, Octavio, implacable ennemi de tous les Français, sachant ou soupçonnant ce qui s'est passé, accuse, dans une réunion générale des conspirateurs, Flavio d'avoir sauvé un proscrit.

Flavio avoue noblement ce qu'il a fait, et explique les motifs de sa conduite.

L'accusateur est confondu : Flavio est absous d'une voix unanime.

Cette narration, dont le sujet est suffisamment expliqué par celui de la narration précédente, doit consister en paroles rapidement échangées et en discours de peu d'étendue.

---

## 96. ARBACE.

Xerxès, roi de Perse, si célèbre par sa malheureuse expédition en Grèce, était un despote insensé et soupçonneux. Vers la fin de son règne, il n'avait plus de confiance que dans Artabane, son premier ministre et son favori, qui avait seul accès auprès de sa personne. Artabane, voulant se faire roi à sa place, l'assassina l'an 471 avant J.-C. Artaxerce Ier, fils de Xerxès, punit Artabane et succéda à son père.

*Sujet.*

Artabane, une épée sanglante à la main, sortant de l'appartement de Xerxès, se rendait à celui d'Artaxerce pour lui faire éprouver le même sort. Il rencontre son fils Arbace, qui s'indigne du crime commis par son père, s'oppose à celui qu'il veut commettre, se saisit de son épée et s'enfuit. Le bruit de la mort du roi se répand; on trouve Arbace tenant à la main l'épée sanglante; on le croit coupable; on l'arrête, on le conduit devant Artaxerce. Artaxerce, que l'amitié la plus tendre unissait à ce jeune homme, l'interroge en présence d'Artabane, dont il était loin de soupçonner la perfidie. Le jeune homme, ne voulant pas dénoncer son père, va se laisser condamner : Artabane, au désespoir, révèle la vérité et se livre à la juste vengeance du nouveau roi.

*Plan.*

Deux grandes scènes doivent remplir cette narration.

Première scène : Aux premières lueurs de l'aurore, rencontre d'Artabane et de son fils dans un vestibule du palais ; inquiétude du jeune homme ; trouble du coupable; enfin il avoue à son fils ce qu'il a fait et ce qu'il va faire; « c'est dans l'intérêt d'Arbace qu'il a agi; » il le supplie, il lui ordonne de le laisser libre d'achever son œuvre. Douleur, reproches d'Arbace; il se saisit de l'épée sanglante; il s'enfuit laissant Artabane frappé de terreur.

Deuxième scène : Impatient de venger la mort de son père, Artaxerce a ordonné qu'on traînât devant lui le jeune homme qu'on a vu s'enfuir du palais avec une épée; on l'amène; surprise et affliction du jeune prince : c'est son ami.... Il interroge l'accusé; il attend avec impatience qu'il se justifie. Artabane, siégeant à côté du prince, est en proie au trouble le plus affreux, qu'on attribue à la tendresse paternelle; Artaxerce et tous les assistants le plaignent. Arbace prend le ciel à témoin de son innocence; il invoque les souvenirs d'Artaxerce qui connaît son cœur; il lui adresse les paroles les plus touchantes, mais il ne dit pas un mot qui puisse compromettre son père. Artaxerce indigné va prononcer son arrêt. Paroles d'Artabane, qui avoue tout pour sauver son fils.

---

### 97. CICÉRON ET ROSCIUS.

Après la guerre civile dont Sylla et Marius avaient été les principaux chefs, et qui avait fini par la destruction complète du parti de Marius, Sylla, nommé dictateur, exerçait dans Rome une autorité absolue; tous ceux qu'il proscrivait étaient mis à mort, et leurs biens étaient vendus. Le 1er juin de l'an 82 avant J.-C. avait été fixé comme le terme des proscriptions et des confiscations.

Vers le milieu de septembre suivant, Roscius, citoyen d'Améric (petite ville à 16 lieues de Rome), qui se trouvait à Rome, fut tué la nuit, probablement par des brigands. Roscius était fort riche. Un favori de Sylla, nommé Chrysogonus, pour s'emparer de sa fortune, obtint de Sylla de placer le nom de cet homme, qui venait de périr, au nombre des proscrits, quoiqu'il eût toujours été du parti de Sylla, et de faire confisquer et vendre ses biens. Chrysogonus les acheta pour une somme d'environ 450 fr.; ils en valaient 1,400,000.

Cependant Chrysogonus n'était pas tranquille : Roscius avait laissé un fils, nommé Sextus; il se pouvait que ce jeune homme réclamât contre une spoliation aussi injuste et aussi impudente, et se fît rendre son patrimoine. Chrysogonus imagina de lui imputer le meurtre de son père et de le poursuivre devant les tribunaux comme parricide. Il espérait bien que les juges, redoutant la puissance de Sylla, condamneraient cet infortuné.

Sextus Roscius était exposé au plus grand péril : personne n'osait se charger de le défendre, tant on redoutait Sylla. Cicéron, alors âgé de 26 ans, eut seul ce courage; il plaida pour le jeune Roscius et le sauva.

*Sujet et plan.*

Accusé de parricide par le scélérat qui lui a ravi sa

fortune, le jeune Roscius cherche un défenseur et n'en trouve pas.

Effrayés par la puissance de Sylla, les plus célèbres orateurs de Rome refusent leur secours à l'innocent qu'on veut écraser.

On dit à Roscius qu'un jeune homme d'un caractère doux et aimable, d'une santé délicate, d'une famille obscure et sans crédit, annonce de grands talents pour l'éloquence. Il va le trouver.

Il lui raconte ses malheurs, il lui expose les dangers qu'il court, il ne lui cache pas ceux auxquels s'exposera son défenseur.

En l'écoutant, le jeune orateur s'enflamme; c'est pour défendre de telles causes qu'il a étudié l'éloquence; c'est pour de tels combats qu'il a préparé son cœur et ses forces. Il remercie Roscius de sa confiance; il lui promet de le justifier.

Vainement ses amis, que son audace inquiète, veulent le retenir. Leurs efforts ne font que l'animer davantage : il s'exposera à tout, mais l'innocent sera sauvé.

Cicéron sauva son client. Il crut devoir ensuite, pour se soustraire au mécontentement de Sylla, s'éloigner quelque temps de Rome; mais sa conduite lui concilia au plus haut degré l'estime et la bienveillance de ses concitoyens. Ce discours fut son premier titre de gloire, et fut ensuite un des plus doux souvenirs qui aient flatté sa vieillesse. Il regardait comme la plus belle tâche de l'orateur de défendre l'innocence malheureuse, surtout lorsqu'elle était opprimée par un ennemi puissant.

---

## 98. HEDWIGE.

Louis, surnommé *le Grand*, de la maison royale de France, descendant d'un frère de saint Louis, était roi de Hongrie et de Pologne. Il mourut en 1386, laissant deux filles, Marie et Hedwige. Les Hongrois choisirent Marie pour leur *roi;* elle épousa Sigismond, depuis empereur. Les Polonais déclarèrent qu'ils choisiraient pour roi l'homme qui épouserait Hedwige, qu'ils proclamèrent leur reine. De nombreux prétendants s'offrirent. La diète, réunie à Cracovie, donna la préférence à Jagellon.

Jagellon était grand-duc de Lithuanie. La Lithuanie, alors barbare et païenne, était continuellement en guerre avec la Pologne. Jagellon promettait, si on lui accordait la main d'Hedwige, d'embrasser, avec tout son peuple, la religion chrétienne, et de réunir la Lithuanie à la Pologne. Il était venu à Cracovie avec les principaux de sa nation; et, en attendant la décision de la diète et celle d'Hedwige, il se faisait instruire des vérités de la foi.

La diète s'étant prononcée en sa faveur, le grand-duc fut solennellement présenté à la princesse.

*Sujet et plan.*

Vous décrirez l'entrevue du grand-duc et d'Hedwige; la pompe barbare qui entoure Jagellon; son air farouche; l'effroi de la princesse qui s'évanouit.

Ramenée dans ses appartements et revenue à elle, elle déclare qu'elle n'épousera pas Jagellon, dont elle estime les hautes qualités, mais dont l'aspect seul l'épouvante. Plus on insiste, plus elle s'obstine dans ses refus. Enfin elle déclare qu'elle va chercher un asile à Vienne, auprès de sa tante la duchesse d'Autriche.

Consternation générale.

Hedwige va partir; mais au moment où elle veut descendre l'escalier du palais, ses gardes tournent leurs haches vers elle; intrépide, elle saisit la hache de celui qui l'empêchait de passer, et la jette à terre; les gardes, saisis de respect, lui ouvrent le passage.

Décrivez rapidement cette scène.

Elle arrive au bas de l'escalier; mais là, à la tête de tout le clergé, est l'évêque de Cracovie.

Tableau.

L'évêque la prie de l'écouter un moment : elle y consent.

L'évêque adresse à Hedwige un discours qui, de temps en temps interrompu par elle, est remplacé par un dialogue.

Les devoirs d'Hedwige envers la patrie, envers la religion, envers la mémoire de son père; les malheurs d'une guerre civile que causerait infailliblement son départ; la gloire qui l'attend si elle double la puissance de la Pologne et si elle procure à un vaste pays les bienfaits du christianisme et de la civilisation; le bonheur réservé à ceux qui immolent leur volonté à la volonté de Dieu : tels sont les principaux motifs que l'évêque fait valoir dans son discours.

Hedwige est persuadée ; faisant au bien public le sacrifice complet de son inclination, elle déclare qu'elle consent à cet hymen, et qu'elle y consent avec plaisir.

Cet hymen fut heureux. Jagellon se montra toujours digne d'une telle épouse.

De ce jour, la Lithuanie et la Pologne furent unies; la Lithuanie devint chrétienne.

Jagellon fut roi de Pologne sous le nom de Ladislas V. Ses descendants occupèrent ce trône jusqu'en 1572, époque où cette race s'éteignit dans la personne de Sigismond-Auguste.

---

### 99. ILFRID.

*Sujet.*

Un fils naturel de Charlemagne, jaloux de ses frères, à qui des royaumes étaient promis, et mécontent de n'avoir en partage que de vastes et riches domaines, conspira contre son père et contre eux. Les conjurés s'étaient réunis, pendant la nuit, dans une église; un prêtre les entendit et révéla le complot à l'empereur.

*Plan.*

A quelque distance d'Aix-la-Chapelle, dans une

vaste basilique entourée d'épaisses forêts, Ilfrid, jeune homme consacré depuis peu au ministère de l'autel, absorbé par la prière, ne s'est pas aperçu de la fuite des heures. Il est minuit.

Un bruit soudain le distrait de sa méditation.

Décrivez l'entrée des conjurés, leur rassemblement, leurs physionomies sinistres.

L'église s'est éclairée de toutes parts.

Tableau.

Mais la chapelle retirée où priait Ilfrid est restée dans l'ombre.

Le chef des conjurés (Ilfrid l'a reconnu, c'est Lothaire, fils de l'empereur) s'adresse à ses complices.

Discours de Lothaire. Il enflamme la fureur de ses compagnons; il leur promet le pillage du palais et de la ville; il veut que ses frères soient immolés; quant à Charlemagne, il doit être détrôné, renfermé dans un monastère; et, s'il résiste....

Lothaire n'achève pas, car en entendant ces paroles menaçantes dirigées contre un père, Ilfrid n'a pu retenir un cri d'horreur.

Stupéfaction des conjurés; la fureur succède promptement à l'effroi : on cherche; on trouve Ilfrid; on le saisit.

Mille glaives sont tournés contre sa poitrine; mais ces hommes n'osent, dans une église, tuer un prêtre. Ilfrid, traîné au pied de l'autel, jure de se taire.

Les conjurés s'éloignent. Ilfrid reste seul dans la vaste basilique.

Doit-il tenir le serment qu'on vient de lui arracher?

Décrivez les cruelles irrésolutions qui l'agitent.

Il supplie Dieu de l'éclairer.

Enfin il se décide, et, si l'empereur lui promet la vie des coupables, il va lui tout révéler.

Ce fils criminel se nommait Pépin; nous l'appelons Lothaire, pour éviter la confusion, à cause de Pépin, fils légitime de Charlemagne.

Les trois fils légitimes, à qui Charlemagne avait assuré des royaumes, étaient Charles, roi de la France orientale; Pépin, roi d'Italie, et Louis, roi d'Aquitaine.

Charles et Pépin moururent avant leur père; Louis lui succéda, et est connu dans l'histoire sous le nom de Louis le Débonnaire.

---

### 100. CHARLEMAGNE ET LOTHAIRE.

Cette narration est la suite de la précédente, qui suffit pour l'expliquer.

*Sujet et plan.*

Charlemagne a reçu les révélations d'Ilfrid.

Décrivez les sentiments qui l'agitent.

Il fait venir Lothaire. Arrivée de ce fils coupable.

Scène d'abord terrible, ensuite touchante et pathétique entre le père et le fils; indulgence, pardon; remords. La grâce des complices de Lothaire est accordée.

Mais Lothaire n'accepte pas complétement la sienne. Il va se confiner dans un monastère pour y pleurer son crime.

Adieux; séparation.

---

### 101. CLODOALD.

Un des fils de Clovis, qui, après la mort de leur père, avaient partagé entre eux l'empire des Francs, Clodomir, fut tué en 524, dans une bataille contre les Bourguignons ou Burgondes, sur les bords du Rhône.

Clodomir laissait trois fils en bas âge. Ces trois enfants furent confiés à leur grand'mère, la reine Clotilde, qui se chargea de leur éducation.

Mais les frères de Clodomir, Childebert, roi de Paris, et Clotaire, roi de Soissons, jaloux de la tendresse que Clotilde témoignait à ces enfants, et craignant qu'elle ne redemandât pour eux les États de leur père, qu'ils s'étaient partagés, s'emparèrent des enfants par ruse, puis ils envoyèrent à Clotilde une épée et des ciseaux, en l'invitant à décider elle-même s'il fallait les tuer ou les faire moines. Dans un premier mouvement de désespoir, elle s'écria qu'elle aimait mieux les voir morts que tonsurés. Informé sur-le-champ de cette réponse, le barbare Clotaire saisit un des enfants et l'immole; Childebert ne pouvant se résoudre à traiter de même le second, Clotaire l'y force en le menaçant de le tuer lui-même. Le troisième, Clodoald, allait subir le même sort; mais un messager de Clotilde, qui consentait à ce qu'on lui coupât les cheveux, arriva à temps pour le sauver.

Ces affreux événements se passèrent, à ce qu'il paraît, en 533.

Clodoald avait alors dix ans.

Dès qu'il eut l'âge de raison, fidèle au vœu que Clotilde avait fait en son nom, il se renferma dans un cloître.

*Sujet et plan.*

Nous supposons que quinze ans après le meurtre des enfants de Clodomir eut lieu le fait suivant :

Childebert n'a point d'enfants; il est brouillé avec Clotaire; il voit avec effroi s'avancer la vieillesse.

Faites connaître par un monologue, de temps en temps coupé par le récit, les pensées qui l'agitent.

Son isolement l'afflige et l'inquiète; l'idée lui vient d'adopter Clodoald; l'éclat d'un diadème éblouira les yeux du jeune solitaire, et lui fera oublier les crimes de son oncle. Il part.

Arrivée du roi mérovingien dans le cloître où Clodoald s'est confiné avec quelques amis, partageant son temps entre la prière, les œuvres de bienfaisance et le travail des champs.

Décrivez les sentiments qu'éprouve le jeune reclus à la vue de son oncle.

Dialogue.

Childebert s'excuse de ce qui s'est passé; il rejette tout sur Clotaire; il demande à son neveu le pardon et l'oubli.

Le pieux jeune homme lui accorde l'un et l'autre avec joie; il se jette dans les bras de son oncle.

Ces caresses enhardissent le roi : il explique alors toute sa pensée : il veut adopter Clodoald et l'associer à sa couronne.

Mais Clodoald repousse ces grandeurs fatales qui ont déjà causé tant de crimes dans la race malheureuse de Mérovée. Prières, menaces, tout est inutile; et Childebert, accablé de tristesse, retourne seul dans son palais.

Clodoald mérita, par la pureté de sa vie, que l'Église le mît au nombre des saints. Elle l'honore le 7 septembre. Son nom s'est corrompu en celui de saint Cloud. Le lieu qu'il habitait sur les bords de la Seine a reçu son nom.

Clotilde mourut en 543, Childebert en 558, Clodoald en 560, Clotaire en 562.

---

### 102 et 103. FAUSTA.

Maximien, ami de Dioclétien, fut associé par lui à l'empire en 292, et eut à gouverner la moitié du monde romain. Quand Dioclétien abdiqua, en 305, Maximien imita son exemple, mais à contre-cœur. L'empire se trouva partagé entre quatre princes, dont l'un, Maxence, était fils de Maximien; l'autre, Constantin, était son gendre. Maxence avait l'Italie et l'Afrique; Constantin avait les Gaules, l'Espagne et la Grande-Bretagne, dans le gouvernement desquelles il avait succédé à son père Constance Chlore.

Dévoré d'ambition, Maximien se rendit à Rome et essaya de détrôner son fils; mais le peuple et les soldats prirent parti pour Maxence, et Maximien fut obligé de se sauver dans la Gaule, où Constantin lui fit le meilleur accueil.

Mais bientôt l'ambitieux vieillard, trahissant aussi son gendre, voulut l'assassiner, afin de régner à sa place.

*Sujet et plan.*

1re partie.

Un soir, Maximien vient trouver sa fille Fausta.

Il sait qu'elle doit passer la nuit dans une chambre reculée du palais, auprès de son enfant malade ; il exige qu'elle lui donne la clef d'une porte dérobée qui conduit à la chambre où couche Constantin ; il ne s'explique pas sur ses intentions : il exige de sa fille un silence absolu ; il lui laisse entendre qu'il veut avoir à l'insu de tout le monde un entretien avec l'empereur. Habituée à l'obéissance, Fausta lui donne la clef.

Restée seule, elle réfléchit et elle frémit de terreur. Sans croire précisément son père capable d'un crime, elle tremble pour son mari.

Elle va tout révéler à Constantin.

Entretien des deux époux.

Vous pouvez ajouter ensuite que Constantin fit placer dans le lit où il couchait habituellement un homme qui venait de rendre le dernier soupir et qu'il se retira dans un cabinet voisin d'où il pouvait tout observer.

Vous pouvez aussi laisser ignorer ces circonstances au lecteur, afin de donner plus d'intérêt à la seconde partie.

2e partie.

Vous pouvez commencer cette seconde partie en montrant Maximien occupé de consommer son crime.

Au milieu de la nuit, Maximien entre par la porte secrète, il s'approche du lit, enfonce à plusieurs reprises son glaive dans le corps de l'homme qui y est couché, et s'écrie : « L'empire est à moi ! »

Vous pouvez aussi réserver ce récit pour le mettre dans la bouche de Constantin, lorsqu'il s'adressera à ses soldats.

Dès l'aurore, Maximien remplit le palais de ses cris : « On a, dit-il, assassiné son gendre, c'est à lui de le remplacer pour le venger. »

Dans la cour du palais, la garde s'assemble ; douleur et colère des soldats qui adoraient Constantin. Maximien commence à les haranguer.

Mais, au milieu de son discours, il s'arrête, pâle et tremblant ; il semble que la foudre l'ait frappé : à ses yeux apparaît Constantin. Il croit que c'est l'ombre de sa victime qui sort des enfers ; l'épouvante le glace.

Constantin raconte à ses soldats la trahison dont il a failli être victime ; il les remercie de l'attachement qu'ils ont fait éclater pour lui.

Se tournant ensuite vers Maximien, il lui adresse les reproches qu'il mérite : il veut bien épargner les jours du père de Fausta, il se contente de le bannir.

Ce fait a eu lieu à Marseille en 509.

Maximien périt misérablement l'année suivante.

Peu de temps après, Constantin embrassa la religion chrétienne, et devint seul maître de l'empire romain [1].

---

## 104 et 105. ROGER DE SANGUINET.

*Sujet et plan.*

1re partie.

Sous le règne de Charles d'Anjou, une armée aragonaise, commandée par don Jayme, attaque la ville de Belvédère, en Calabre, défendue par Roger de Sanguinet, chevalier français. Roger défend la place avec

1. *Voir* l'exercice 53.

autant d'habileté que de valeur : c'était un très-habile ingénieur, et les projectiles qu'il lançait portaient le ravage et la mort dans les rangs ennemis.

Malheureusement ses deux jeunes fils sont faits prisonniers dans une sortie. Le cruel don Jayme écrit à Roger que, s'il continue de se défendre à l'aide de ces projectiles meurtriers, il fera placer ses deux fils à l'endroit le plus exposé. Douleur et agitation du père : il répond qu'il restera fidèle à ses devoirs de citoyen et de soldat.

2e partie.

Don Jayme exécute son affreuse résolution. Il fait placer les deux jeunes gens à l'endroit le plus menacé par les projectiles : l'un des deux périt; l'autre échappe comme par miracle.

Don Jayme est saisi de douleur et de remords : il lève le siége, et renvoie à Roger celui de ses deux fils qui avait survécu, et le corps de celui qui avait succombé.

Ce fait a eu lieu vers l'an 1283, après les Vêpres siciliennes, lorsque le roi d'Aragon, Pierre III, accepte la couronne de Sicile et entre en guerre avec Charles d'Anjou, à qui le royaume de Naples était resté fidèle.

Don Jayme était le second fils de Pierre III. Il devint roi après son père et son frère aîné, Alphonse, en 1291.

Belvédère est une ville de la Calabre extérieure, située non loin de la mer, à peu de distance de Paola.

# TROISIÈME PARTIE.

## DIALOGUES.

### 106 et 107. LE JEUNE SOURD-MUET.

1er dialogue.

M. DELVILLE; ÉDOUARD ET ÉLISA, SES ENFANTS.

La scène est dans le jardin. Édouard et Élisa accourent vers leur père, pour le prier d'admettre en sa présence un jeune sourd-muet qui vient d'entrer dans la cour, et qui, par signes, demande la charité.

M. Delville répond que ce jeune garçon est peut-être un imposteur qui, par une infirmité simulée, cherche à échapper au travail et à abuser les personnes bienfaisantes.

Les enfants ne peuvent croire à une si indigne conduite.

Ils conviennent avec leur père qu'ils mettront le jeune garçon à l'épreuve; que si l'on reconnaît qu'il est un trompeur, il sera renvoyé honteusement; mais que si son infirmité est réelle, il leur sera permis de lui faire tous les cadeaux qu'ils voudront.

Les élèves, en faisant ce dialogue, imagineront trois ou quatre ruses à l'aide desquelles les deux enfants, avec l'agrément de leur père, annoncent qu'ils s'assureront si le jeune garçon est réellement sourd.

2e dialogue.

M. DELVILLE, ÉDOUARD, ÉLISA, ANDRÉ.

André, le sourd-muet, âgé de quinze à seize ans, entre dans le jardin : il s'exprime par signes.

Édouard et Élisa mettent en œuvre les trois ou quatre ruses dont ils sont convenus dans le dialogue précédent.

André est resté impassible, et son infirmité paraît certaine à M. Delville lui-même. Il se joint à ses enfants pour le combler de bienfaits.

Alors André paraît vivement ému ; il pleure, il sanglote, et, élevant tout à coup la voix, il supplie M. Delville de lui pardonner.

André n'était point vicieux ; c'était un orphelin que les conseils de quelques voisins, qui vivaient de vagabondage, avaient jeté dans cette détestable voie. Mais la bonté qu'on lui témoigne, et dont il se sent indigne, lui a inspiré un salutaire repentir. Il refuse les présents qu'on lui a faits, et prend la résolution de vivre à l'avenir en honnête homme. Il veut se retirer.

Charmés de son bon naturel et de son repentir, Élisa et Édouard supplient leur père en sa faveur. M. Delville se charge de pourvoir à ses besoins et de lui faire apprendre un état.

---

### 108. VANGLENNE ET MADAME MILVILLE.

Vanglenne, après avoir amassé, en Amérique, une grande fortune, revient en France avec l'intention de la partager avec ses parents, s'ils sont bons et honnêtes.

Pour les éprouver, il se présente à eux sous un extérieur misérable ; il feint d'être pauvre et sans ressources, et d'avoir recours à leur protection et à leur assistance.

Il se présente d'abord chez son cousin, riche banquier, qui, au lieu d'être touché de sa misère, lui refuse tout secours et le chasse sans pitié. Il va ensuite voir sa cousine, madame Milville. Madame Milville était veuve; frappée par des malheurs immérités, elle avait bien de la peine à vivre et à élever ses enfants; elle était obligée de suppléer à l'exiguïté de ses ressources par le travail de ses mains.

C'est l'entretien de madame Milville avec Vanglenne qu'il s'agit de faire.

Vanglenne se présente à sa cousine, il lui débite la fable qu'il a inventée, il sollicite son appui et ses secours.

Madame Milville lui fait l'accueil qu'elle devait à un parent, à un ami et à un infortuné; elle l'écoute avec une tendre sympathie, elle lui promet de faire pour lui tout ce qui sera en son pouvoir; elle l'invite à partager sa table modeste, elle lui offre une pièce d'or, fruit de ses économies.

Vanglenne est attendri jusqu'aux larmes; son secret lui échappe avec le cri de sa reconnaissance; il supplie madame Milville d'accepter la moitié de sa fortune et de lui permettre de devenir le père de ses enfants.

L'exquise bonté du cœur de madame Milville devra se développer dans ce dialogue, dissiper peu à peu les défiances de Vanglenne, et amener enfin, avec l'aveu de son stratagème, l'explosion de ses sentiments.

On trouvera dans la *Méthode de composition et de style*[1] le dialogue de Vanglenne et de son cousin le banquier, dont la lecture sera, pour la composition de celui-ci, une excellente préparation.

1. *Méthode de composition et de style*, par M. Barrau; 3e édition, page 285.

# QUATRIÈME PARTIE.

## DISCOURS.

### 109. DISCOURS DE GODEFROI DE BOUILLON AUX CHEFS DE LA CROISADE.

La fameuse expédition connue sous le nom de *première croisade* était commencée depuis quatre ans. Les croisés avaient détruit l'empire des Turcs Seldjoucides, vaincu une armée persane, pris Antioche, conquis une partie de l'Asie Mineure et de la Syrie. Ils avaient pris à Tortose leurs quartiers d'hiver. Le printemps approchait, et plusieurs des chefs semblaient plus disposés à jouir de leurs conquêtes qu'à continuer l'expédition.

*Sujet.*

Godefroi de Bouillon, le plus illustre de ses chefs, les réunit et leur adresse un discours pour les animer à terminer leur entreprise.

*Plan.*

Le travail des élèves se bornera à développer en quelques lignes chacune des pensées qui suivent et qui sont séparées par des alinéa.

Généreux guerriers! Ce n'est ni par ambition, ni par amour d'une vaine gloire que nous avons pris les armes.

Délivrer le tombeau du Sauveur, tel fut notre but.

Tout ce que nous avons fait jusqu'à ce jour n'est donc rien si nous nous arrêtons ici.

D'ailleurs, nous ne pourrions établir ici qu'un empire éphémère.

Et Dieu nous abandonnera si nous abandonnons l'entreprise que nous avions formée en son nom.

Marchons donc sur Jérusalem.

C'est le moment, ou jamais.

---

### 110. MONOLOGUE DE L'ENFANT PRODIGUE.

On appelle vulgairement l'*Enfant prodigue* le jeune homme dont il est question dans la parabole suivante tirée de l'Evangile[1].

« Un homme avait deux fils.

« Le plus jeune dit à son père : « Mon père, donnez-moi la part du « bien qui doit me revenir. » Et le père leur fit le partage de son bien.

« Peu de jours après, le plus jeune de ces deux enfants, ayant amassé ce qu'il avait, s'en alla dans un pays éloigné, où il dissipa tout son bien en vivant avec luxe.

« Après qu'il eut tout dépensé, il arriva une grande disette en ce pays-là, et il se sentit pressé par le besoin.

« Et il se mit au service de l'un des habitants du pays, qui l'envoya à sa maison des champs pour y garder les pourceaux.

« Et là il eût souhaité apaiser sa faim en mangeant des cosses que l'on donnait aux pourceaux; mais on ne lui en donnait pas.

« Et rentrant en lui-même, il dit : « Les mercenaires, dans la mai- « son de mon père, ont du pain en abondance; et moi je meurs de « faim !

« J'irai vers mon père, et je lui dirai : Mon père, je suis coupable « envers le ciel et envers vous.

« Je ne suis plus digne d'être appelé votre fils; traitez-moi comme « l'un des serviteurs qui sont à vos gages. »

*Sujet et plan.*

L'enfant prodigue, dans un monologue, développera le sens de ces deux derniers versets, et exprimera les divers sentiments dont son âme est agitée.

Le souvenir de la bonté paternelle l'enhardit; le sentiment de son indigne conduite le décourage.

Comment osera-t-il se présenter? comment sera-t-il reçu?

1. Saint Luc, chap. 15, v. 11 et suiv.

Tantôt il s'abandonne à son désespoir : plutôt que d'affronter le juste courroux de son père, il se résigne à la plus affreuse misère, aux humiliations, à la mort; tantôt la tendresse filiale, que le malheur a ranimée en lui, lui inspire de meilleures idées et des mouvements plus heureux.

Enfin il se décide, il ira.

Nous croyons devoir placer ici quelques-uns des versets suivants :

« Il partit donc et alla trouver son père. Comme il était encore bien loin, son père le vit, le reconnut et fut ému de compassion, et, courant à lui, se jeta à son cou et l'embrassa.

« Le fils lui dit : « Mon père, j'ai péché contre le ciel et contre « vous; je ne suis plus digne d'être appelé votre fils. »

« Et le père dit à ses serviteurs : « Hâtez-vous, apportez les plus « beaux habits et revêtez-l'en ; mettez un anneau à son doigt et des « chaussures à ses pieds.

« Amenez un veau gras et tuez-le ; faisons un grand festin et livrons-« nous à la joie.

« Car mon fils était mort, et il est revenu à la vie; mon fils était « perdu, et il est retrouvé. »

---

## 111. DISCOURS DE XÉNOPHON AUX ENVOYÉS D'ATHÈNES.

Xénophon, d'Athènes, né l'an 445, mort l'an 355 avant l'ère vulgaire, est illustre comme général, comme philosophe et comme historien.

Il s'était retiré à Scillonte, en Élide.

Son fils Gryllus était resté à Athènes. Gryllus fut nommé général de la cavalerie athénienne, et, en cette qualité, il prit part à la bataille de Mantinée, en Arcadie, livrée, en 363, aux Thébains et à leurs alliés, sous la conduite d'Épaminondas, par les Athéniens et les Lacédémoniens ligués ensemble. Le champ de bataille resta aux Thébains; mais leur général, Épaminondas, fut tué.

Le chef de la cavalerie athénienne périt en combattant glorieusement.

La république d'Athènes envoya une députation à Xénophon, pour l'informer de cet événement et lui témoigner la part qu'elle prenait à son malheur.

*Sujet.*

Au moment où la députation se présente, Xénophon offrait un sacrifice, et, selon l'usage, il avait sur la tête une couronne de fleurs en signe de réjouissance.

Les députés arrivent et lui annoncent que son fils n'est plus. Il ôte la couronne de sa tête et leur demande comment il est mort.

« En brave, répondent-ils, après s'être couvert de gloire.

— Puisqu'il en est ainsi, dit Xénophon; je puis continuer le sacrifice. »

Il remet la couronne de fleurs sur sa tête et achève de remplir le devoir religieux qu'il avait commencé.

Ensuite, déposant la couronne et s'avançant vers les députés, il leur adresse un discours :

*Plan.*

Xénophon débute par un court exorde convenable à la circonstance.

Il regarde le trépas de son fils comme un véritable triomphe : Gryllus, en s'exposant à la mort pour son pays, s'est montré fidèle aux leçons et aux exemples de son père.

La gloire et le souvenir du jeune héros seront la consolation et l'honneur de sa vieillesse.

Il regrette de n'avoir pas été témoin des derniers moments de Gryllus; mais il espère le revoir dans un séjour plus heureux.

Il termine son discours en remerciant les Athéniens de l'intérêt qu'ils lui ont témoigné dans cette circonstance.

---

### 112. MONOLOGUE DE SÉVÉRUS.

Catilina était un sénateur romain perdu de vices et capable de tous les crimes. Il forma une vaste conspiration pour détruire Rome par le fer et par le feu, et pour s'emparer ensuite du pouvoir suprême. Il entraîna dans cette conspiration une foule d'hommes semblables à lui. Pendant une nuit, il réunit ses complices; il leur adressa une harangue incendiaire, et tous jurèrent de mettre le feu à Rome sur plusieurs points à la fois, et de profiter du désordre pour exterminer les sénateurs et tous les bons citoyens. C'était dans l'année 63 avant J.-C.

Cette conspiration fut découverte par le célèbre orateur Cicéron, alors consul. Catilina s'enfuit de Rome, revint pour attaquer cette ville à la tête d'une armée, et fut vaincu et tué dans un combat.

*Sujet.*

Sévérus, jeune Romain, séduit par des amis pervers, après avoir commis plusieurs fautes, s'était laissé entraîner dans la conjuration de Catilina. Il avait assisté à la séance où ce chef des conjurés avait prononcé sa fameuse harangue, et il avait juré comme les autres de faire périr les membres du sénat et de brûler Rome. Mais à peine est-il sorti du lieu de l'assemblée, qu'il est saisi d'effroi : le remords s'élève dans son cœur, le crime qu'il va commettre l'épouvante; il délibère avec lui-même; il réfléchit sur ce qu'il doit faire. Son âme est en proie aux plus violents combats : enfin le repentir l'emporte, il va tout révéler à Cicéron.

*Plan.*

Faites exprimer par Sévérus, dans un monologue, les pensées tumultueuses qui l'agitent.

Il se rappelle avec horreur ce qu'il vient de voir, d'entendre, de faire.

Il songe à l'affreux spectacle qu'offrira Rome livrée au pillage et à l'incendie.

Le remords s'éveille dans son âme, qui jusqu'alors avait été égarée, et non corrompue.

Le serment qu'il vient de faire doit-il l'arrêter?... Non; car un serment antérieur, un serment plus saint le lie à sa patrie, à sa famille, à tous ses devoirs.

Il n'hésite plus; il va tout révéler à Cicéron.

---

### 113. DISCOURS DU COMTE JULIEN MOURANT A SON FILS ALPHONSE.

Le comte Julien, pour se venger du roi Roderic, avait appelé les étrangers en Espagne.

En 714, les Mahométans d'Afrique, connus sous le nom d'Arabes et de Maures, favorisés par sa trahison, passèrent la mer et s'emparèrent de l'Espagne. Le dernier roi visigoth, Roderic, fut écrasé avec toute son armée à Xérès; sa destinée est restée inconnue. L'Espagne devint la proie des Mahométans.

*Sujet.*

Comblé par les vainqueurs de richesses, de dignités et de mépris, Julien tombe malade de chagrin et de remords. Au moment de mourir, il fait appeler Alphonse, son fils unique; il épanche dans son sein sa douleur et ses regrets.

*Plan.*

Il a voulu se venger d'un outrage; mais, pour goûter ce funeste plaisir, que n'a-t-il pas sacrifié? Son nom est devenu infâme.

Il a fait le malheur de sa patrie : l'Espagne, sous la domination des musulmans, est accablée des plus cruels fléaux.

Il a trahi son Dieu dont la croix, dans toute l'étendue des Espagnes, est remplacée par le croissant.

Quel compte terrible va-t-il rendre au Dieu qu'il a

trahi! Il meurt désespéré; faut-il que sa honte rejaillisse sur son fils?

Il lui reste un espoir : sur les rochers des Asturies, l'intrépide Pélage a relevé l'étendard de l'Espagne chrétienne; qu'Alphonse se rende auprès de ce héros; qu'il efface, en combattant courageusement contre les musulmans, la tache qu'ont imprimée à son nom les crimes de son père.

Après la bataille de Xérès, Pélage, avec quelques chrétiens fidèles, s'était réfugié dans les montagnes des Asturies, et là se défendit vaillamment contre les vainqueurs. Ainsi commença la lutte des Espagnols contre les Mahométans, lutte qui dura plus de sept siècles, avec des succès divers. Les Espagnols reconquirent pied à pied leur pays. Après la prise de Grenade par Ferdinand et Isabelle, en 1492, le territoire espagnol se trouva complétement affranchi de la domination des Maures. Pélage fonda la ville d'Oviédo; il mourut en 739.

---

### 110. DISCOURS D'ALPHONSE A PÉLAGE.

(Discours précédé d'un récit[1].)

*Sujet et plan.*

Nous supposons qu'après la mort du comte Julien, son fils Alphonse s'est rendu auprès de Pélage.

Alphonse cache avec soin son nom et son origine.

Une mélancolie profonde l'accable; il reste étranger à tous les délassements, à tous les plaisirs; il ne contracte de liaison avec personne.

Il combat les musulmans avec un courage et une ardeur qui ont quelque chose de furieux et de désespéré; on voit qu'il cherche à mourir plus encore qu'à vaincre.

Pélage, plein d'estime pour ce jeune et infortuné guerrier, a vainement cherché à découvrir son secret.

1. *Voir* l'exercice précédent.

Après trois ans, un grand combat se livre. Les chrétiens, grâce à Pélage et plus encore à Alphonse, sont complétement vainqueurs.

En revenant de poursuivre les ennemis, Pélage rencontre Alphonse, blessé mortellement et couché au pied d'un arbre.

A la vüe de celui qui, pendant trois ans, lui a servi de père, le jeune homme se ranime et recueille ses forces.

Il révèle à Pélage le triste secret de son nom et de sa destinée.

Il lui témoigne sa reconnaissance.

Il exprime avec chaleur ses vœux pour le triomphe de la foi et de la patrie.

Il supplie Pélage et les Espagnols de ne pas maudire la mémoire de Julien, que ses remords ont cruellement puni, et d'oublier le crime du père en faveur des services du fils.

---

### 115. DISCOURS DE SÉLIM A ROXELANE.

Roxelane, épouse de Soliman II, sultan des Turcs, lui avait donné un fils, nommé Sélim, qu'elle idolâtrait, et qu'il aimait lui-même tendrement. Mais Soliman, avant d'épouser Roxelane, avait eu d'une autre femme un fils nommé Zéangir, qui donnait les plus belles espérances et qu'il avait déclaré solennellement héritier de ses États. Roxelane résolut de perdre ce jeune homme pour faire passer tous ses droits à Sélim. Déjà, par ses artifices, elle avait rendu Zéangir si suspect à son père, que ce monarque ombrageux et terrible était sur le point de le faire périr. Sûre de réussir, Roxelane, dans les effusions de sa tendresse maternelle, fait part à son fils de son dessein et de l'heureux succès qu'elle espère.

*Sujet et plan.*

Saisi d'effroi, d'indignation et de douleur, Sélim se jette aux pieds de sa mère pour la détourner d'un projet si criminel; il la supplie d'épargner Zéangir, et lui déclare qu'il ne consentira jamais à monter sur le trône par le meurtre d'un frère qu'il chérit et dont il est tendrement aimé.

Roxelane, avant d'être l'épouse de Soliman, avait été esclave.

Soliman II, qui régna de 1520 à 1566, fut le plus célèbre des sultans de l'empire ottoman, qui arriva sous lui à l'apogée de sa grandeur. Il fut l'ennemi de Charles-Quint et l'allié de François Ier. On l'a surnommé *le Grand*, *le Magnifique*, *le Législateur*.

Son fils aîné s'appelait *Mustapha*, et non *Zéangir*; mais ce premier nom ayant, dans notre langue, quelque chose de ridicule, nous avons cru devoir le changer.

Malgré les prières de son fils, Roxelane persévéra dans ses cruels desseins; elle réussit et obtint que Mustapha fût immolé. Cette catastrophe arriva en 1553, dans les environs d'Amasie, ville de l'Asie Mineure.

Sélim régna après son père, sous le nom de Sélim III, depuis 1566 jusqu'en 1574. C'est lui qui enleva l'île de Chypre aux Vénitiens, et dont la flotte fut vaincue à Lépante.

---

## 115. DISCOURS D'EUDOXE A SES COMPAGNONS D'ARMES.

(Temps héroïques de la Grèce.)

Une des plus célèbres superstitions de l'ancienne Grèce était la croyance aux oracles.

On appelait ainsi des temples, ou autres lieux sacrés, où l'on venait interroger la Divinité sur l'avenir; les réponses qu'on recevait étaient aussi appelées oracles.

Les plus célèbres oracles de l'antiquité étaient ceux de Delphes, de Dodone et de Jupiter Ammon.

A mesure que le christianisme fit des progrès, les oracles cessèrent.

*Sujet.*

Athènes, attaquée par les Doriens, choisit Eudoxe pour général.

Eudoxe va en secret consulter l'oracle sur le sort de la patrie et sur le sien. L'oracle lui répond « qu'il sera vainqueur, mais qu'en rentrant dans Athènes, après sa victoire, il donnera involontairement la mort à son père. »

Eudoxe attaque les ennemis et remporte une victoire éclatante.

La première partie de l'oracle est accomplie ; il tremble que la seconde ne s'accomplisse également. Il rassemble ses compagnons d'armes.

Ici commence le discours. Les élèves, pour le composer, devront se transporter par l'imagination à un siècle bien différent du nôtre et adopter momentanément la croyance superstitieuse qui régnait alors.

*Plan.*

Eudoxe révèle son secret à ses compagnons : il leur raconte qu'il a consulté l'oracle, leur fait connaître la réponse qu'il a reçue.

Pour n'être pas contraint à devenir coupable, il s'exile pour jamais de cette patrie qui lui est si chère et qu'il vient de sauver.

Il ne rentrera jamais dans Athènes ; personne ne connaîtra le lieu de son exil.

Il confie à leurs cœurs tous les sentiments dont le sien est agité, et les charge de faire ses adieux à son père et à son pays.

---

### 117. DISCOURS DE ZÉNOBIE A DES PAYSANS.

(An 53.)

Lorsque l'empereur Claude régnait à Rome, les faits suivants se passèrent en Asie.

Rhadamiste, jeune homme d'un caractère fier et sauvage, fils d'un souverain barbare[1] qui régnait au pied du Caucase, s'était emparé,

1. Pharasmane, roi d'Ibérie.

par la ruse et par la violence, du royaume d'Arménie, qui appartenait à son oncle et l'avait fait périr.

Il tyrannisa l'Arménie, qui n'obéissait qu'à regret à un homme devenu roi par un crime. Les Parthes le chassèrent, mais furent bientôt obligés d'évacuer ce royaume. Rhadamiste rentra, plus terrible que jamais et ardent à se venger. Sa tyrannie devint tellement intolérable qu'une révolte éclata. Rhadamiste ne dut son salut qu'à la vitesse des chevaux sur lesquels il se sauva, lui et sa femme Zénobie. Ils fuyaient à travers des lieux déserts et affreux. Zénobie était alors malade. Par crainte de l'ennemi, par tendresse pour son époux, elle supporta d'abord comme elle put la fatigue de cette course précipitée; mais enfin, ne pouvant plus résister, égarée par la douleur, elle pria son mari de la soustraire par la mort aux outrages auxquels elle était exposée si elle tombait entre les mains de leurs ennemis. D'abord Rhadamiste la serre dans ses bras et cherche à la ranimer; puis, voyant que ses efforts sont inutiles, il a l'affreux courage (ce n'était pas son premier crime) de lui accorder ce qu'elle demandait dans son délire : il la frappe de son cimeterre, la traîne vers l'Araxe et la plonge dans le fleuve. De là il regagne à toute bride le royaume de son père.

Zénobie fut portée doucement vers le bord par le courant. Des hommes de la campagne, apercevant sur l'eau une femme qui donnait des signes de vie, s'empressèrent d'aller à son secours; ils la transportèrent dans leur chaumière, lui donnèrent des soins et parvinrent à la guérir.

*Sujet.*

Zénobie commence à recouvrer sa santé et ses forces : elle a appris par la conversation des gens qui l'entourent que Rhadamiste n'est plus[1].

Elle remercie les personnes simples et compatissantes qui l'ont sauvée, et leur apprend qui elle est.

*Plan.*

Elle leur raconte son histoire et leur communique les divers sentiments qu'elle a éprouvés et ceux qu'elle éprouve encore.

Elle renonce pour jamais au monde; elle veut s'ensevelir dans cette profonde retraite, dans ce hameau écarté où son existence restera ignorée.

1. Son père, le soupçonnant avec raison de vouloir le détrôner, le fit périr.

La vente de quelques pierreries qu'elle leur donne soulagera leur pauvreté et les dédommagera des peines et des dépenses que son séjour parmi eux va leur causer.

Sans doute le souvenir des crimes de son mari et de ses malheurs viendra souvent l'agiter ; mais en s'associant à leur vie innocente et pure, et quelquefois à leurs travaux, elle espère retrouver la paix du cœur, seul bien qui ait encore du prix à ses yeux.

---

### 118. DISCOURS DE HENRI IV AUX CHEFS DE SON ARMÉE.

*Sujet.*

Henri IV assiégeait Paris pour la seconde fois en 1596. Paris s'opiniâtrait à le repousser. Les chefs de l'armée de Henri IV, pleins d'indignation et d'impatience, supplient le roi de donner l'assaut. Henri leur répond.

*Plan.*

Le roi reconnaît qu'il serait facile, surtout à des guerriers aussi braves, de prendre Paris dénué de secours et fatigué par un long siége : il loue leur zèle, mais il les conjure de le modérer dans l'intérêt de l'humanité et dans celui de la France.

Si Paris était pris d'assaut, comment retenir la fureur du soldat victorieux ? Cette belle capitale serait en proie au pillage et à l'incendie.

Quel triomphe pour le roi d'Espagne et pour les ennemis de la France !

Loin de faire de nouvelles victimes, Henri voudrait rendre le jour aux Français qu'ont moissonnés les guerres civiles.

Comment prouvera-t-il aux Français qu'il veut être leur père, s'il détruit la capitale de son empire?

Les assiégés ne sont-ils pas ces mêmes Parisiens que Henri et ses généreux compagnons ont eux-mêmes nourris dans un premier siége?

Encore quelque temps et les Parisiens, fatigués d'une coupable et inutile résistance, ouvriront leurs portes à leur roi, à leur père.

Dans le premier siége de Paris, en 1589, Henri IV et ses officiers avaient fourni des vivres aux assiégés, tourmentés par la famine.

Paris ouvrit ses portes à Henri IV le 22 mars 1594.

---

### 119. DISCOURS D'ALFRED A SES SOLDATS.

Vaincu par les Danois dans une grande bataille, Alfred, roi d'Angleterre, après avoir erré quelque temps dans ses propres États, au milieu de périls de toute espèce, s'était caché, sous les habits d'un berger, dans le comté de Devon, dont le gouverneur résistait encore aux conquérants étrangers. Instruit de son secret, le brave comte de Devon assemble de nouvelles forces dans Exeter, ville forte, capitale du comté. Alfred, déguisé en joueur de harpe, va lui-même reconnaître le camp des Danois, près de Mundsheter, et apprend que le lendemain ces barbares doivent célébrer une grande fête.

*Sujet.*

Alfred retourne à Exeter, et assemble les soldats et tous les habitants de la ville : il jette devant eux les habits dont il était couvert, et paraît à leurs yeux étonnés revêtu du costume royal caché sous sa blouse de berger. Par son discours, il fait passer dans leur âme la noble ardeur dont il est enflammé. Les citoyens et les soldats, pleins d'ardeur, marchent à l'ennemi, qu'ils surprennent au milieu des fêtes, et remportent une victoire complète.

*Plan.*

Alfred se nomme aux soldats; on l'a cru mort; il

vit pour le salut de la patrie; demain il la délivrera ou il mourra pour elle.

Il leur raconte ce qu'il a fait, et comment, déguisé en barde, il a observé le camp des ennemis ; ils doivent célébrer demain une grande fête, dans laquelle, selon leur usage, ils s'abandonneront à l'intempérance jusqu'à perdre leur raison et leurs forces ; il leur a promis de venir à cette fête ; il y viendra.

Il explique aux soldats ce qu'il faut faire le lendemain ; leurs ennemis, plongés dans l'ivresse, pourront à peine se défendre ; leur nombre leur deviendra inutile ; leur défaite entraînera la chute de la domination étrangère.

Vous terminerez par une péroraison vive et animée.

A cette époque, l'Angleterre était souvent ravagée et quelquefois asservie par les Danois ou Normands.

Alfred, sixième roi de la race saxonne, avait commencé à régner en Angleterre en 871, à l'âge de 23 ans. Peu de temps après son avénement, les Danois firent une invasion en Angleterre, remportèrent sur Alfred la victoire dont il est parlé plus haut, et étendirent leur domination sur presque tout le royaume.

La bataille qu'Alfred leur livra après avoir prononcé ce discours fut décisive. Après les avoir vaincus, il leur enleva la ville de Londres, et successivement le reste du royaume.

Il assura ensuite, par son habileté, la tranquillité et le bonheur du pays, poliça l'Angleterre, lui donna de sages lois, favorisa les sciences et les lettres, et composa lui-même plusieurs ouvrages.

L'histoire lui a décerné à juste titre le surnom de *Grand*.

C'est à Alfred qu'est due l'institution des jugements par jury.

Il mourut en 901.

Le comté de Devon est une province située au midi de l'Angleterre, et limitrophe du comté de Cornouailles, avec lequel elle ne faisait, avant Alfred, qu'une seule et même province.

## 120. DISCOURS DE DAMON A SA MÈRE ET A SA SŒUR.

(400 ans avant J.-C.)

Deux jeunes gens de Syracuse, Damon et Pythias, étaient amis. Une douce conformité de sentiments avait donné naissance à leur amitié, et la pratique des plus nobles vertus l'avait cimentée. En ce temps-là, Syracuse était gouvernée par un despote cruel, Denys, à qui toute vertu faisait ombrage. Sous un prétexte frivole, il condamne Damon à périr.

La mère et la sœur de Damon habitaient Catane, ville peu éloignée. Damon demanda au tyran la permission d'aller les embrasser une dernière fois, et promit d'être, sous quatre jours, à Syracuse, pour subir son arrêt.

Le tyran sourit de pitié. « Me crois-tu assez simple, dit-il, pour me fier à ta parole? Et qui me sera garant que, si je te laisse aller, tu reviendras ?

— Moi, dit Pythias, qui avait accompagné son ami devant le tyran. S'il n'est pas revenu au jour et à l'heure marqués, je consens à mourir à sa place. »

Le tyran accepta cette offre avec joie, et fit sur-le-champ emprisonner Pythias. Quoi qu'il arrivât, il était sûr d'une victime : les deux amis lui étaient aussi odieux l'un que l'autre. Jugeant du cœur d'autrui par le sien, il se croyait certain que Damon, une fois hors de sa puissance, ne reviendrait pas, et qu'ainsi, de ces deux jeunes gens si célèbres par leurs vertus, l'un périrait, l'autre serait à jamais déshonoré.

*Sujet et plan.*

Damon, grâce à la généreuse amitié de Pythias, est allé à Catane voir sa mère et sa sœur : il a reçu leurs embrassements; il veut s'y arracher; le temps presse.

Elles l'arrêtent en pleurant; elles le supplient de ne pas courir à une mort certaine; elles lui représentent qu'il périra sans sauver Pythias; que probablement Pythias n'existe déjà plus, et que s'il vit encore, il est impossible qu'un tyran si barbare ne l'immole tôt ou tard : elles le conjurent de ne pas rendre inutile l'héroïque dévouement de son ami, qui évidemment ne compte pas sur son retour, ne le désire pas, et a voulu donner pour lui sa vie.

C'est la réponse de Damon que les élèves doivent faire.

Damon réfute les objections de sa mère et de sa sœur, résiste à leurs prières, et, en leur faisant ses derniers adieux, il s'arrache de leurs bras.

Le quatrième jour était arrivé ; l'heure fatale approchait : Damon ne paraissait pas. Pythias monte sur l'échafaud.

Tout à coup un cri se fait entendre : Damon, qu'une rivière débordée avait empêché d'arriver plus tôt, arrive éperdu, hors d'haleine ; il s'élance auprès de Pythias.

Alors s'éleva entre les deux jeunes gens un combat de générosité qui eût arraché des larmes aux cœurs les plus insensibles. « L'heure est passée, disait Pythias, c'est à moi de mourir. — C'est moi qui suis condamné, disait Damon, c'est à toi de vivre. »

Le tyran, tout barbare qu'il était, ne put résister à un tel spectacle, ni à l'admiration et à l'attendrissement que faisaient éclater les spectateurs. Il épargna les deux amis, et le peuple, poussant mille cris de joie, les reconduisit chez eux en triomphe.

---

## 121. DISCOURS DE FÉDOR A IVAN.

Voir, pour l'explication de ce sujet, la narration intitulée *Owinsko*, formant le 82e exercice.

*Sujet.*

Owinsko est de retour auprès du czar avec ses compagnons. Dans le premier transport de sa colère, Ivan les fait jeter dans un cachot et paraît disposé à les envoyer au supplice.

Fédor, fils du czar et ami d'Owinsko, supplie son père de l'épargner, ainsi que ses compagnons.

*Plan.*

Fédor, dans son exorde, manifeste sa haine contre Étienne et son désir de reprendre Polotsk.

Il fait valoir ensuite, en faveur des prisonniers, le courage avec lequel ils se sont défendus, leur constance qui n'a cédé qu'à la ruse, le dévouement avec lequel ils ont refusé les offres d'Étienne.

Leur ennemi les comble de bienfaits, et leur prince les enverrait au supplice! Quel découragement n'inspirerait pas aux soldats d'Ivan une telle conduite!

Fédor termine son discours en suppliant son père, non-seulement d'épargner une fidélité si rare, mais encore de la récompenser par toutes sortes d'honneurs.

Ivan, dans cette circonstance (ce fut la seule de sa vie), écouta la voix de la raison et de l'humanité : il rendit la liberté à Owinsko et à ses compagnons.

---

## 122. MONOLOGUE D'EUDES.

Les Mahométans, qu'on appelait alors indifféremment *Sarrasins*, *Arabes* ou *Maures*, avaient conquis l'Espagne [1] : puis, sous la conduite d'Abd-er-Rhaman, que les Français appellent *Abdérame*, ils avaient envahi la France.

La France était alors gouvernée, au nom des rois fainéants, par l'intrépide Charles Martel, maire du palais.

Eudes, avec le titre de duc d'Aquitaine, commandait entre les Pyrénées et la Loire. Il était brouillé avec Charles Martel, il le haïssait, et, pour satisfaire son inimitié, il fit cause commune avec les Sarrasins, réunit ses troupes à celles d'Abdérame, et marcha avec lui contre Charles.

Abdérame et les Sarrasins, Charles Martel et les Français, se rencontrèrent non loin de Tours. Des deux côtés, on se prépara à une grande bataille. Cette bataille devait décider si la France et l'Europe devaient rester libres et chrétiennes, ou si elles seraient asservies aux Mahométans.

*Sujet et plan.*

Pendant la nuit qui précède la bataille, Eudes, en proie à l'agitation la plus cruelle, erre sur les collines qui bordent le cours de l'Indre, et de là fixe ses regards sur le camp français éclairé de mille feux.

1. *Voir* les exercices 113 et 114.

A cette vue, quelles pensées s'éveillent en lui!... Traître, transfuge et presque apostat, il va donc demain aider à frapper d'un coup mortel sa patrie et sa religion!

Si les Mahométans sont vainqueurs, il sera pour eux, comme pour les Français, un objet de mépris. Si les Français triomphent, quel sera son sort et celui de sa famille?...

Faut-il, pour se venger de Charles, se perdre lui-même sans retour?

Sont-ce là les leçons, les exemples que son père lui avait donnés?

Le repentir, la crainte, la fureur, le sentiment du devoir, l'ardeur de la vengeance, bouleversent tour à tour son âme.

Enfin, la patrie, l'honneur, la religion l'emportent sur une passion insensée. Il prend la résolution d'aller sur-le-champ se jeter dans les bras de Charles Martel, et de réunir ses drapeaux aux drapeaux français.

On nomme *bataille de Tours* la série de combats que Charles Martel livra aux Sarrasins entre Tours et Poitiers. Ce fait d'armes, l'un des plus brillants et des plus importants de notre histoire, eut lieu en 732.

L'armée des Sarrasins fut anéantie; Abdérame fut au nombre des morts.

La conduite d'Eudes est diversement racontée par les chroniques du temps; ce qui est certain, c'est qu'à la bataille de Tours il se réunit à Charles Martel et fit bravement son devoir.

---

### 123. DISCOURS POUR UN ÉDUCATEUR D'ABEILLES.

Deux propriétés contiguës, séparées par un mur, appartenaient à deux citoyens d'Athènes, l'un riche, l'autre pauvre.

L'une consistait en un jardin magnifique, paré des fleurs les plus belles; l'autre était un enclos sans valeur, dont le sol était maigre et tout à fait improductif; mais le citoyen pauvre auquel cet enclos appartenait y trouvait sa subsistance et celle de sa famille en élevant des abeilles. Le riche s'irrita de ce que ses fleurs servaient à nourrir les abeilles de son voisin; ennuyé de leur bourdonnement et prétendant qu'elles flétrissaient et gâtaient tout dans son jardin, il mit du poison sur ses fleurs; les abeilles périrent, et leur maître fut réduit à la misère.

*Sujet.*

Vous plaidez pour cet infortuné; vous demandez aux juges que son riche voisin soit condamné à réparer le dommage qu'il lui a causé.

*Plan.*

Après un court exorde, vous racontez le fait en peu de mots, mais en insistant cependant sur les détails qui peuvent faire paraître la conduite de Cléon (c'était le nom du riche) plus odieuse.

Les abeilles de son voisin ne lui causaient aucun préjudice. (Les abeilles ne piquent pas loin de leur ruche; les fleurs qu'elles viennent de sucer sont aussi belles qu'auparavant.)

Quand même Cléon aurait éprouvé quelque léger préjudice, il aurait dû se contenter d'un dédommagement qu'on lui aurait accordé de grand cœur (par exemple quelques rayons de miel); mais ruiner sous ce prétexte toute une famille, c'est une action mauvaise, dont il doit réparation.

Cette famille réduite à l'indigence par le caprice d'un homme, qui, comme riche et comme voisin, devait au contraire la protéger, est victime d'une action doublement inique.

Après avoir attendri vos juges sur la position de cette famille, vous vous élèverez à des considérations politiques et morales, suggérées par la cause que vous soutenez.

*Considérations politiques :* L'Attique produit peu

de blé; elle en achète aux nations étrangères, auxquelles elle vend à un prix très-élevé son miel, qui est le meilleur de l'univers. N'est-il pas sage d'encourager l'industrie du miel par tous les moyens possibles et de lui accorder une protection spéciale?

*Considérations morales :* Dans un État bien ordonné, l'industrie du pauvre n'a-t-elle pas autant de droits à la protection et à la faveur publiques que le luxe du riche? Et est-il permis au second de faire du premier sa victime?

Vous terminerez par une conclusion tendant à ce qu'il soit alloué à votre client une indemnité proportionnée au dommage qu'il a souffert.

Le ton de ce discours doit être à la fois modeste et ferme. En demandant que les citoyens pauvres ne soient pas sacrifiés aux caprices des riches, l'orateur ne doit faire paraître ni animosité ni jalousie contre les citoyens à qui la fortune a été plus favorable qu'à son client.

---

## 124. LETTRE DE NARSÈS A ALBOIN.

(An 568.)

Au VI^e siècle, les Lombards, peuple belliqueux et à demi sauvage, habitaient ou plutôt campaient au bord du Danube. La richesse et la fertilité de l'Italie excitaient leur ambition ; ils désiraient s'en emparer; mais ils redoutaient les difficultés de cette entreprise, et surtout les talents de Narsès.

Narsès, général de l'empire d'Orient, avait reconquis l'Italie sur les Ostrogoths ; il en était vice-roi, sous le titre de duc d'Italie[1].

Alors régnait en Orient le faible et lâche Justin II, qui abandonnait à sa femme Sophie le gouvernement de l'État. Sophie voulut obliger Narsès d'envoyer à Constantinople les trésors qu'il avait amassés à Rome pour la solde des troupes et la défense de l'Italie. Narsès refusa. L'impératrice, furieuse, se vengea par un grossier outrage : elle lui envoya en présent un fuseau, pour lui faire entendre que,

1. Ses successeurs portèrent le titre d'*exarques de Ravenne*.

vieux et faible, il n'était plus capable d'administrer ni de combattre, et que les ouvrages des femmes étaient les seuls qui lui convinssent.

Narsès, jusque-là irréprochable, fut tellement irrité de cet outrage, qu'il oublia sa vertu et son devoir. « Je filerai à l'impératrice, dit-il, un écheveau qu'elle ne pourra jamais dévider. »

Il écrivit à Alboin, roi des Lombards; l'invita à venir faire la conquête de l'Italie, et lui promit non-seulement de ne pas s'opposer à son entreprise, mais de la favoriser de tout son pouvoir. A la réception de cette lettre, Alboin, transporté de joie, fit promptement ses préparatifs.

Mais Narsès sentit bientôt l'énormité de sa faute; le triomphe de sa colère sur sa vertu avait été court. Le désir de la vengeance céda au chagrin de livrer sa patrie à l'étranger et à la honte de terminer une vie héroïque par une trahison.

*Sujet et plan.*

Narsès écrit une seconde lettre au roi des Lombards.

Il abjure ses coupables serments, il rétracte ses funestes promesses, il presse vivement Alboin de renoncer à une agression injuste qu'il repoussera de toutes ses forces.

Il lui promet l'appui de son bras, de ses soldats et de ses trésors pour toute autre conquête qu'il voudra tenter.

Il mêle à l'expression de ses remords les supplications, les promesses, les menaces.

Alboin ne tint aucun compte de cette seconde lettre. Ses préparatifs étaient faits; il entra en Italie. A cette nouvelle, Narsès, frappé comme d'un coup de foudre, mourut de regret et de douleur.

Les Lombards firent de grandes conquêtes en Italie; la partie septentrionale de la péninsule a gardé leur nom.

---

## 125. DISCOURS DE RINALDI DANS LE CONSEIL DES GIBELINS.

(XIIIe siècle.)

Pendant le moyen âge, un grand nombre de villes d'Italie (Florence était du nombre) se gouvernaient en républiques.

L'Italie était alors déchirée par deux partis rivaux, les Guelfes et les Gibelins. Les Guelfes étaient partisans de l'indépendance italienne et de la suprématie des papes ; les Gibelins étaient partisans du pouvoir impérial établi en Allemagne, qui conservait encore en Italie une sorte de souveraineté.

La ville de Florence fut pendant longtemps comme la capitale du parti guelfe en Italie ; tous ceux de ses habitants qui étaient attachés au parti gibelin furent bannis.

Les bannis se réfugièrent à Naples, capitale du royaume de ce nom, qui appartenait à l'empereur Frédéric II. Les villes gibelines mirent des troupes sous les armes ; les bannis, les troupes des villes gibelines et les troupes du royaume de Naples marchèrent ensemble contre Florence. Les Florentins, auxquels s'étaient réunies les troupes de quelques villes guelfes, furent vaincus, et les Gibelins entrèrent triomphants dans Florence.

*Sujet.*

Les chefs de l'armée victorieuse s'assemblent en conseil ; le général napolitain, pour assurer le triomphe du parti impérial, propose de détruire la ville de Florence.

La proposition allait réunir la majorité, lorsque Rinaldi, l'un des bannis qui venaient de rentrer triomphants, prit la parole.

*Plan.*

*Exorde :* Il ne s'étonne pas que les Napolitains pensent sans horreur à la destruction de Florence ; mais lui, mais ses compagnons d'infortune peuvent-ils ne pas frémir à cette seule idée !

1re *partie :* Rinaldi réfute les raisons du général napolitain ; il prouve que cette mesure, bien loin d'être utile à la cause qu'ils soutiennent l'un et l'autre et d'anéantir le parti des Guelfes, serait funeste aux Gibelins et augmenterait l'ardeur et les forces de leurs ennemis.

2e *partie :* Il prouve que, quand même cette mesure serait utile, elle est si odieuse, si injuste, si criminelle, que des chrétiens, des citoyens et des hommes doivent la rejeter avec horreur.

*Péroraison* : Si l'on persiste à vouloir détruire sa patrie, ce ne sera qu'après l'avoir massacré, lui, tous ses compagnons et un peuple immense qui va se joindre à eux.

Cette proposition de détruire la ville de Florence, tout affreuse qu'elle était, n'avait rien d'extraordinaire à cette époque, où la fureur des partis était portée à un excès incroyable. Naguère, l'empereur Frédéric Barberousse, vainqueur des Guelfes, avait détruit de fond en comble la ville de Milan, et avait fait semer du sel sur ses ruines.

Hâtons-nous de dire que Florence n'eut point à subir un sort semblable, et que le discours de Rinaldi eut un plein succès.

---

126. **DISCOURS ADRESSÉ AUX ÉTATS GÉNÉRAUX DE HOLLANDE EN FAVEUR D'UN ENFANT DE QUATORZE ANS.**

(Discours contenant une narration.)

Le sol de la Hollande est presque partout au-dessous du niveau de la mer, et n'est défendu contre les inondations de l'Océan que par un système admirable de digues.

Les Hollandais ont apporté à la construction de ces digues autant d'économie que de soin. Ils remplacent la pierre, qui manque à leur pays, par des fascines de roseaux ou de petites branches de saule, placées par couches de trente à trente-cinq centimètres d'épaisseur, et disposées de manière qu'une couche soit parallèle et l'autre perpendiculaire au courant. Ces fascines, dont les intervalles sont garnis avec du sable, sont contenues par des pieux qui les traversent. Le peu de pierres que l'on peut se procurer en allant les chercher en Norwége servent à consolider l'ouvrage par leur poids, et à faciliter la circulation des voitures sur la partie la plus élevée, qui sert de route.

C'est un admirable travail que celui de ces digues; mais c'est un effrayant spectacle que celui d'une mer ouverte, luttant de son poids immense et de la fureur de ses tempêtes contre des amas de fagots recouverts de sable, et menaçant d'une irremédiable submersion une population de deux millions d'âmes, qui habite à dix pieds au-dessous. Le déplacement d'une fascine, l'ouverture inaperçue d'un trou de rat, peuvent suffire pour amener l'événement; mais si les Hollandais y songent, c'est pour le prévenir, nullement pour s'en effrayer.

*Sujet.*

Un soir, un enfant de quatorze ans, passant au pied

des digues pour retourner à la ferme de son père, s'aperçoit qu'un léger filet d'eau coule par une ouverture : sans un prompt secours, la province va être submergée.

Alors éclatait un orage terrible. Il appelle ; personne ne répond à ses cris.

L'enfant se couche contre l'ouverture que la mer avait faite, et reste dans cette position pendant toute la nuit. Le lendemain, des voyageurs surviennent ; on appelle des travailleurs : la digue est réparée ; la Hollande est sauvée.

Un membre des états généraux demande pour cet enfant une récompense nationale.

*Plan.*

Le discours se composera de deux parties.

La première contiendra un récit vif et animé de ce qu'a fait et de ce qu'a souffert ce généreux enfant pendant cette nuit terrible.

Dans la seconde, l'orateur fera valoir les droits qu'une telle conduite lui donne à l'admiration et à la reconnaissance du pays.

L'orateur terminera son discours par une péroraison convenable.

On appelle *états généraux*, en Hollande, l'assemblée des représentants de la nation.

Ce fait s'est passé au commencement du XVIIIe siècle. La Hollande était alors une république portant le nom de *Provinces unies des Pays-Bas.*

---

### 127. DISCOURS D'ALONZO A PIERRE III, ROI D'ARAGON.

*Sujet.*

L'horrible massacre connu sous le nom de *Vêpres siciliennes* vient d'être commis. Les Siciliens veulent un roi qui les défende contre la juste fureur de Charles d'Anjou et qui les protége contre les menaces de la France.

Leurs ambassadeurs se présentent à la cour de don Pèdre ou Pierre III, roi d'Aragon, et lui offrent, de la part de leurs compatriotes, la couronne de Sicile. Ce prince réunit ses conseillers et leur fait part de la proposition qui lui a été faite. L'un d'eux, nommé Alonzo, chevalier plein de loyauté et de bravoure, lui conseille de la refuser.

*Plan.*

On pourra commencer ce discours par un exorde *ex abrupto* :

Quoi! des assassins osent choisir un tel prince pour leur protecteur!

En acceptant la couronne de Sicile, don Pèdre compromettra son honneur, parce que son siècle et la postérité croiront qu'il était le complice des Siciliens, et même que c'est lui qui les a poussés au crime.

En même temps, don Pèdre s'exposera aux plus grands dangers, parce qu'il attirera sur lui les forces de toute la chrétienté, parce qu'aucun souverain n'aura plus confiance en lui, et parce qu'il aura donné à ses propres sujets un funeste exemple en favorisant la trahison et l'assassinat.

L'honneur et la prudence lui prescrivent donc également de repousser ce présent fatal, et de ne point envoyer ses fidèles Aragonais dans un pays où ils éprouveraient peut-être bientôt le même sort que les Français.

On sait que le nom de *Vêpres siciliennes* a été donné au massacre que les Siciliens firent des Français, en 1282, et dont le résultat fut d'arracher la Sicile à Charles d'Anjou, qui ne conserva plus que le royaume de Naples. Le massacre eut lieu dans toute l'île, le lundi de Pâques, au premier coup de la cloche de vêpres[1]. Charles d'Anjou, frère de saint Louis, roi de France, avait conquis Naples et la Sicile sur Mainfroi.

1. *Voir* l'exercice 94.

### 128. MONOLOGUE DE GILIMER.

Bélisaire, à la tête des armées de Justinien, empereur d'Orient, ayant envahi l'Afrique, occupée depuis un siècle par les Vandales, avait pris leur capitale Carthage, et vaincu leur roi Gilimer dans une bataille décisive. Ce jeune et malheureux prince, retiré avec les faibles débris de ses troupes sur un rocher imprenable, y soutint contre son vainqueur un siége long et pénible. Enfin ses vivres sont épuisés : plus d'espoir.

*Sujet et plan.*

Gilimer délibère sur ce qu'il doit faire : « Mourir les armes à la main, » voilà le parti qui lui paraît le plus digne de son courage.

Mais son amour, sa reconnaissance pour des soldats, qui lui avaient fait tant de sacrifices, l'emporte dans son cœur; il veut vivre et se rendre, à condition que les Romains combleront de récompenses et d'honneurs les compagnons de son infortune.

Il l'obtiendra sans doute, et, en descendant de ce rocher inexpugnable, il ira se remettre entre les mains de Bélisaire.

Gilimer obtint ce qu'il demandait. Il se rendit à Pharas, lieutenant de Bélisaire, et fut traité avec humanité par ses vainqueurs.

Trois mois auparavant, Pharas, tout en continuant de bloquer étroitement le pied du roc inaccessible, lui avait envoyé demander s'il désirait quelque chose. Gilimer demanda un pain, une éponge et une lyre : un pain, parce qu'il n'avait pas goûté de pain depuis plusieurs mois; une éponge, pour bassiner ses yeux fatigués par les larmes; une lyre, pour chanter ses malheurs.

Quand il fut présenté à Justinien, il ne prononça que ces mots : « Vanité ! tout n'est que vanité ! »

Ce fait a eu lieu l'an 534 de notre ère.

## 129. DÉFENSE DU JEUNE MANLIUS.

(365 ans avant J.-C.)

Lucius Manlius, qui avait été consul et dictateur à Rome, s'étant rendu odieux par une sévérité excessive, Pomponius, tribun du peuple, son ennemi personnel, conçut l'espérance de le perdre, et l'accusa devant le peuple romain. Il fit surtout valoir contre lui l'extrême rigueur avec laquelle il traitait son fils Titus, qu'il tenait à la campagne, occupé aux travaux les plus rudes, sans pouvoir alléguer contre ce jeune homme, d'une conduite irréprochable, d'autres griefs qu'une certaine difficulté à s'énoncer. Les Romains, irrités, paraissaient disposés à bannir ce père barbare.

La veille du jour où l'affaire devait se juger, le jeune homme apprend le sort qui menaçait son père. Il se rend à Rome, chez le tribun du peuple, demande à lui parler en secret, comme pour lui donner de nouveaux éclaircissements sur les mauvais traitements qu'il avait reçus; et, tirant une arme de dessous son habit, déclare à Pomponius qu'il va le tuer s'il ne jure de se désister sur-le-champ de son accusation. Le tribun, épouvanté, prête ce serment, et Lucius Manlius est sauvé.

Quelque temps après, le bruit de cette action se répand dans Rome; un autre tribun accuse le jeune Manlius d'avoir enfreint les lois en faisant violence à un tribun du peuple.

*Plan.*

Pour défendre ce jeune homme vous commencerez par dire :

Ce fait pourrait se nier, car qui supposera possible qu'un tribun ait eu peur d'un jeune homme ou plutôt d'un enfant? Quand Pomponius le dirait lui-même, qui voudrait croire qu'un magistrat, chargé de protéger et de soutenir les intérêts du peuple, ait renoncé, par frayeur, à soutenir une cause qui lui aurait semblé juste? Il est évident à tous les yeux que si Pomponius s'est désisté de l'accusation, c'est que le jeune homme lui en a prouvé l'injustice en l'éclairant dans un secret entretien sur la conduite de son père.

Tel est le plan de la première partie.

Dans la seconde partie, supposant le fait prouvé, vous ferez valoir principalement trois raisons en faveur du jeune homme :

Son ignorance des lois ;

Le violent transport qui n'avait pas laissé chez lui place à la réflexion ;

Et le bel exemple de piété filiale qu'il venait de donner aux enfants maltraités par des parents injustes.

Le peuple, loin de condamner ce jeune homme, le nomma tribun militaire. Il se signala depuis par de grands exploits.

On appelait *tribuns du peuple*, à Rome, des magistrats annuels chargés de soutenir les intérêts du peuple. Leur personne était inviolable et sacrée tant qu'ils étaient en charge et qu'ils ne s'éloignaient pas de la ville. Les *tribuns militaires* étaient des officiers généraux.

---

## 130. DÉFENSE DE TITUS TORQUATUS.

*Sujet.*

L'armée romaine et l'armée ennemie sont en présence. Le consul Manlius Torquatus, général des Romains, a défendu tout combat avant la bataille générale. Son fils Titus est rencontré par un cavalier ennemi qui l'insulte et l'attaque. Le jeune homme pouvait fuir : il n'y songe même pas ; il résiste à son ennemi ; il le tue, et, plein de joie, apporte ses dépouilles à son père. Le sévère consul repousse son fils, et veut le condamner à mort, comme ayant enfreint ses ordres. Un tribun militaire prend la parole pour le défendre.

*Plan.*

Il prouve 1° que l'action de Titus n'est pas un crime digne d'un si affreux châtiment ;

2°. Que le jeune homme, fût-il criminel, les lois sacrées de la nature ne permettent pas à son père de le condamner ;

Enfin, 3°, si le consul persévère à trouver l'action criminelle et persiste à vouloir juger le coupable, il demande, au nom de toute l'armée, au général la grâce du soldat et au père la grâce du fils.

Ce fait a eu lieu l'an 340 avant Jésus-Christ.

Les efforts du tribun militaire n'eurent aucun succès. Les anciens Romains poussaient le maintien de la discipline jusqu'à une rigueur inouïe.

Voici, selon Tite-Live, les paroles que le consul adressa à son fils.

« Au mépris des ordres de ton général, au mépris de l'autorité de ton père, tu as combattu, malgré la défense. La discipline militaire, qui, jusqu'à ce jour, a été le soutien de Rome, tu l'as, autant qu'il a dépendu de toi, compromise, ébranlée; tu m'as réduit à la nécessité d'oublier ou ce que je dois à la patrie ou ce que je dois à ma famille et à moi-même. Puisque c'est nous qui avons commis la faute, c'est à nous, et non à la république, à en supporter les suites, qui seraient fatales pour elle. Notre exemple sera bien triste, mais utile à la jeunesse. Sans doute, la tendresse paternelle me parle pour toi; je suis touché de cet élan d'un jeune courage, qu'un vain amour de gloire a seul égaré. Mais, puisqu'il faut ou que ta mort affermisse pour toujours l'autorité consulaire, ou que ton impunité l'affaiblisse à jamais, toi-même, je n'en doute pas, si tu as dans les veines quelques gouttes de mon sang, tu te résigneras, et tu voudras que la discipline militaire, compromise par ta faute, soit raffermie par ton châtiment. »

Ce consul Manlius Torquatus est le même qui, dans sa jeunesse, s'était rendu célèbre par le trait dont il est question dans l'exercice précédent.

---

### 131. PLAIDOYER POUR LES PARENTS D'UN JEUNE ÉLÈVE.

(Action civile.)

Auguste de Luzy et Charles Delville, élèves de rhétorique dans le même collége, étaient liés de l'amitié la plus tendre. Les parents d'Auguste étaient très-riches; ceux de Charles (qui était boursier du gouvernement) n'avaient pour subsister que le produit d'une profession modeste. Charles était, par ses succès et par sa conduite, le meilleur élève du collége.

Les parents d'Auguste emmenèrent Charles passer les vacances à la campagne. Un soir (c'était la veille de la rentrée des classes), les deux jeunes gens, revenant de la chasse, trouvent toute la famille réunie devant le perron du château en attendant le dîner. Auguste, par une erreur malheureusement trop commune, se figurant que son fusil était déchargé, couche Charles en joue par plaisanterie; le coup part; Charles est blessé à mort, et expire quelques jours après.

Auguste aussi faillit mourir de douleur.

Les parents de Charles demandèrent à la famille de Luzy un dédommagement qui leur fut refusé.

Ils s'adressèrent à la justice.

*Plan.*

Il vous en coûte d'avoir recours aux tribunaux; vous êtes bien sûr que si Auguste était le maître, il serait allé au-devant de votre demande.

1°. *Fait.* Vous racontez le fait simplement, tout en disposant l'esprit des juges en faveur de vos clients.

Charles n'a commis aucune imprudence, il n'a point provoqué Auguste à ce jeu funeste; il n'a eu ni le temps de s'apercevoir du danger, ni la possibilité de s'y soustraire.

Auguste est donc le seul auteur du malheur qui est arrivé.

2°. *Droit.* Vous vous appuierez sur le point de droit suivant :

Celui qui a causé un dommage doit le réparer; les parents sont responsables pour leurs enfants mineurs; donc c'est aux parents d'Auguste à réparer envers la famille de Charles le tort qu'elle a souffert.

Vainement dirait-on qu'Auguste a agi sans mauvaise intention; cette excuse, excellente pour prouver son innocence, ne s'applique pas aux suites de son action; il ne s'agit pas de savoir s'il est ou s'il n'est pas un assassin, mais si par son imprudence il a ou n'a pas causé un préjudice à autrui.

3°. *Demande.* Le point de droit précédent établi, vous êtes naturellement conduit à demander une indemnité en faveur des parents de Charles.

Une somme suffisante pour soutenir leur existence doit leur être assurée.

Sans doute le mal qui leur a été fait ne pourra jamais être réparé.

Ici, vous tâcherez d'attendrir vos auditeurs, en décrivant la douleur qui accable ces malheureux parents.

Charles promettait d'être vertueux, il avait un cœur excellent; il devait rendre la vie de ses parents heureuse; leur bonheur est perdu; un malheur éternel le remplace.

Mais, outre cette félicité perdue, pour laquelle aucune réparation n'est possible, le coup qui les a frappés dans la personne de leur enfant détruit toutes les ressources de leur avenir, et ce dommage-là du moins, ceux qui l'ont causé peuvent le réparer.

Vous ferez voir quel bel avenir était réservé à Charles et quelle honorable existence il aurait assurée à ses parents.

L'imprudence d'Auguste a tout détruit.

S'il était pauvre, il devrait travailler pour nourrir les parents de Charles; riche, il doit assurer leur existence.

Les juges apprécieront, d'après la position des deux familles, ce que l'une peut honorablement recevoir, ce que l'autre doit équitablement donner.

Vous pourrez terminer par quelques paroles touchantes.

Ce procès a eu lieu en 1835.
Le tribunal accorda au père de Charles vingt mille francs.
Nous avons changé les noms propres.

### 132. DISCOURS D'UN PRINCIPAL DE COLLÉGE.

*Sujet.*

Pendant la nuit fatale de la Saint-Barthélemy (1572), le jeune Sully, âgé de douze ans, celui-là même qui devait être un jour le ministre et l'ami de Henri IV, est poursuivi par les meurtriers : dans sa fuite précipitée, il arrive au collége où il faisait ses études en qualité d'externe, et dont toutes les portes étaient fermées. Le principal du collége (c'était un prêtre) les lui fait ouvrir en secret, l'introduit dans son appartement, l'y cache, et, après quelques jours, lui donne les moyens de se réunir à sa famille.

Les ennemis de cet homme de bien profitent de cette occasion pour chercher à le perdre : ils le citent devant le tribunal universitaire : on l'accuse ; il se justifie.

*Plan.*

Ce discours peut avoir pour base les motifs suivants : 1° L'innocence de l'enfant qui n'était pas coupable, si ses parents l'avaient élevé dans l'erreur ; 2° les nœuds qui unissaient le principal du collége à cet enfant, dont il était devenu comme le second père en l'admettant parmi ses disciples ; 3° le caractère sacré dont lui-même était revêtu, et qui faisait de lui un ministre de paix, et non un ministre de vengeance ; 4° l'humanité qui, quand même tous les autres motifs n'auraient pas existé, l'engageait à prendre pitié d'un enfant dans un tel danger.

Maximilien de Béthune était né en 1550, au château de Rosny (Seine-et-Oise), qui appartenait à son père. Il porta successivement les titres de baron de Rosny et de duc de Sully. C'est un des plus habiles et des plus sages ministres qu'ait eus la France. Il était calviniste et ne voulut jamais abjurer, bien qu'il eût lui-même donné à Henri IV le conseil de rentrer dans le sein de l'Église catholique. Mais il ne voulut jamais, sous Louis XIII, prendre part aux rébellions des protestants. Il mourut en 1641.

## 133. DISCOURS D'ASDRUBAL AUX CARTHAGINOIS.

Il existait chez les Carthaginois, puissant peuple d'Afrique, originaire de Tyr, en Phénicie, un abominable usage. Dans les dangers publics, on choisissait les enfants de la ville les plus distingués par les qualités du corps et par celles de l'âme, et, afin de détourner la colère céleste, on les immolait sur les autels.

Les Carthaginois ayant été vaincus, dans le ve siècle avant Jésus-Christ, par Gélon, roi de Syracuse, ce vainqueur généreux, en leur accordant la paix, y mit pour condition qu'ils aboliraient ces sacrifices inhumains. Ils acceptèrent cette condition, jurèrent de l'observer et l'observèrent en effet.

*Sujet.*

Deux siècles plus tard, le roi de Syracuse, Agathocle, à la tête d'une armée redoutable, fait une descente en Afrique et se dispose à assiéger Carthage. Les troupes de la république ont été souvent vaincues. La ville est menacée des plus grands périls. Dans cette extrémité, le fanatisme fait entendre sa voix cruelle; le peuple, furieux, attribue les revers de la république à la colère des dieux, à qui l'on a cessé d'offrir en sacrifice les enfants des premières familles de l'État. Au lieu de prendre les armes et de marcher à l'ennemi, les Carthaginois se rassemblent sur la place publique, et demandent avec fureur que, pour apaiser les dieux, on renouvelle ces sacrifices sanglants.

Asdrubal, sénateur respecté, général illustre, s'élance à la tribune; il conjure les Carthaginois de renoncer à cet affreux projet; il les persuade; et les Carthaginois vont tourner contre l'ennemi cette fureur qui les animait contre leurs enfants.

*Plan.*

Dans son exorde, l'orateur commence par protester de son dévouement et aux lois et à la religion de la patrie.

S'il avait des enfants et que leur mort dût être utile au pays, il serait le premier à les offrir.

Mais de tels sacrifices peuvent-ils être, en effet, utiles à la patrie ?

Non ; car ils outragent l'humanité,

Non; car ils sont sacriléges et offensent le ciel, que l'on prétend apaiser;

Non ; car ils sont impolitiques, et peuvent rendre la patrie odieuse aux citoyens.

Telles seront les trois parties successivement développées dans ce discours, qui devra se terminer par une péroraison pathétique.

On comprend que dans un tel discours il faut autant de sentiment que de raisonnement. L'indignation, la pitié, la terreur, la tendresse, doivent passer de l'âme de l'orateur dans l'âme de ceux qui écoutent, et opérer enfin la persuasion.

Agathoclè, fils d'un potier, s'était élevé, par sa bravoure et par son adresse, au souverain pouvoir, et était devenu maître de Syracuse et de presque toute la Sicile; né en 361 avant Jésus-Christ, mort en 289. Il ne put parvenir à prendre Carthage.

---

### 134. DISCOURS EN FAVEUR DU PRINCE LÉON[1].

Basile le Macédonien, empereur d'Orient, brave, habile, généreux, n'avait guère d'autre défaut que celui de prendre des décisions trop promptes, sans se donner le temps de réfléchir, surtout quand une vive passion l'agitait. Un traître, connaissant ce défaut, résolut d'en profiter. C'était un des plus puissants personnages de l'empire, nommé Santabarène, intrigant et fourbe. Il s'était insinué, par son adresse, dans l'esprit de l'empereur, qui lui accordait sa confiance. Mais le fils aîné de l'empereur, Léon, qui, à l'âge de dix-neuf ans, s'attirait l'affection publique et se montrait le digne héritier des vertus et des talents de son père, avait deviné cet hypocrite, et laissait éclater son mépris pour lui. Le scélérat répondait à ce mépris par une haine mor-

1. L'explication de ce sujet est extraite du *Livre de morale pratique*, pages 164 et suiv.

telle ; et, prévoyant une disgrâce certaine si Léon régnait, il résolut de le perdre.

Sa haine prit le masque perfide de l'amitié : ses assiduités, sa soumission apparente, vainquirent peu à peu les répugnances du jeune prince. Affectant un zèle ardent, il lui représenta que l'empereur, au milieu d'une cour corrompue, où le poignard avait fait tant de révolutions, exposait trop souvent sa vie aux piéges des ambitieux, au fer des assassins. « Les forêts, dit-il à Léon, sont remplies de brigands. Une loi ancienne et absurde veut qu'aucun de ceux qui suivent l'empereur à la chasse ne porte des armes ; ses enfants eux-mêmes sont soumis à cette loi. Je tremble pour les jours de votre père : votre devoir est de le défendre contre des ennemis secrets et contre sa propre imprudence ; croyez-moi, veillez sur sa vie. Sans lui donner d'alarme, suivez-le, ne le quittez pas, et portez toujours sur vous quelques armes cachées. »

Léon suivit son conseil, et la première fois qu'il sortit pour accompagner son père à la chasse, il cacha une épée sous ses habits.

Dès que le traître voit le jeune prince entrer dans la forêt, il accourt précipitamment vers l'empereur : « Seigneur, lui dit-il avec tous les signes du plus grand effroi, sauvez-vous ; votre fils, impatient de régner, s'est armé contre vous. »

Basile, se livrant à son impétuosité, fait arrêter Léon ; on visite ses vêtements, on trouve l'épée.

Basile s'abandonne alors à toute sa colère ; il se précipite sur son fils sans vouloir l'écouter, lui arrache de ses propres mains les ornements impériaux, et le fait jeter dans une prison.

Santabarène avait espéré davantage : connaissant l'impétuosité fougueuse de l'empereur, il s'était flatté que Léon serait immolé sur-le-champ, ou que du moins son père, dans le premier accès de sa fureur, le priverait de la vue [1], ce qui le rendrait incapable de régner.

A la fureur de Basile avait succédé une sombre tristesse. Il rentre dans son palais, morne et pensif ; il fait enlever de ses appartements tout ce qui pouvait lui rappeler le souvenir de son fils ; le nom de Léon ne sort plus de sa bouche ; il ne souffre pas qu'en sa présence on fasse la plus légère allusion à son fils ; il semble que Léon n'existe plus, ou plutôt qu'il n'a jamais existé. Le malheureux Léon lui écrit sans cesse, de sa prison, les lettres les plus touchantes ; l'empereur ne veut en recevoir aucune ; il défend même qu'on les lui présente. Plus de fêtes, plus de joie dans le palais ; le deuil est dans le cœur de l'empereur et auto..rde lui.

Trois mois se passèrent ainsi.

L'époque de Noël arriva. L'usage voulait que, dans ce jour de fête

1. Ce supplice inhumain n'était que trop fréquent alors, surtout dans l'empire d'Orient.

solennelle, l'empereur donnât un festin aux principaux de sa cour Malgré le chagrin qui l'accablait, Basile ne voulut pas manquer à un usage consacré, en quelque sorte, par la religion. Le festin fut servi dans une galerie splendide, consacrée aux banquets d'apparat, et où, depuis le jour fatal, l'empereur n'avait pas mis le pied. Auprès d'une des fenêtres était une volière garnie de fils d'argent, où Léon, qui avait conservé les goûts simples de l'adolescence, nourrissait un joli oiseau qu'il accoutumait à parler.

Les convives prennent place : tous, aussi bien que l'empereur, étaient plongés dans une sombre tristesse, et semblaient s'être réunis plutôt pour des funérailles que pour la célébration d'une fête. Tout à coup, au milieu du morne silence qui régnait dans l'immense galerie, on entend ce cri : « Léon ! mon cher Léon ! » C'était le petit oiseau, répétant les paroles que Léon s'était amusé à lui apprendre.

Quand ce nom, que depuis trois mois il était interdit de prononcer, retentit aux oreilles des convives, un attendrissement général éclata; l'empereur parut comme frappé au cœur, et ses yeux se mouillèrent de quelques larmes.

*Sujet.*

Un des convives, Eudoxe, ami de Léon, profite de la circonstance; il demande à l'empereur la permission de prononcer quelques paroles, et l'obtient.

Il veut prouver à Basile que son fils est innocent.

Le matin du jour fatal, Eudoxe avait appris de Léon que Santabarène lui avait conseillé de s'armer pour la défense de son père : il a vu ensuite Santabarène parler à l'oreille de l'empereur immédiatement avant que la fureur de Basile éclatât. Il a deviné la trahison; il va démasquer le traître; il va démontrer l'innocence de son ami.

*Plan.*

Eudoxe commencera par un exorde tiré de l'incident inattendu qui vient de provoquer l'attendrissement général.

Il fera ensuite une narration vive et animée de tout ce qui s'est passé; il fera connaître les perfides insinuations de Santabarène et les motifs louables qui avaient déterminé le jeune prince à cacher un glaive sous ses habits.

Dans la première partie de sa confirmation il montrera combien l'accusation est absurde en elle-même,

1°. Parce que le crime était sans motif;
2°. Parce qu'il aurait été inexécutable;
3°. Parce que, s'il eût été commis, il aurait attiré sur son auteur un châtiment affreux, prompt, inévitable.

Dans la seconde partie de sa confirmation, Eudoxe prouvera que cette accusation, si absurde en elle-même, devient bien plus absurde encore quand elle pèse sur l'aimable et brave Léon, qui a toujours été le jeune homme le plus sage et le plus généreux, et surtout le fils le plus pieux et le plus tendre.

Dans cette seconde partie, Eudoxe fera valoir toutes les raisons qui peuvent persuader et attendrir un père : il lira le triomphe de la vérité dans les yeux de Basile et exprimera sa joie dans une péroraison courte et animée.

Basile comprit qu'on l'avait trahi; il maudit sa fatale précipitation. Il courut à la prison chercher son fils; le fils et le père confondirent leurs larmes.

Santabarène, pendant le discours d'Eudoxe, s'était échappé de la galerie.

L'empereur et son fils étaient trop heureux pour se résoudre à sévir; le bannissement fut la seule peine infligée au traître.

Léon régna après son père, et mourut en 901. Il fut surnommé *le Philosophe*.

---

### 135. DISCOURS D'ARISTIDE.

*Sujet.*

Thémistocle avait dit aux Athéniens qu'il voulait leur faire une proposition très-utile, mais pour laquelle le secret était indispensable : on fit choix des hommes les plus respectables de la république, et on en forma un conseil pour entendre la proposition de Thémistocle et donner ensuite un avis au peuple sur les suites qu'il faudrait y donner. Thémistocle s'explique devant ce conseil; il propose de mettre le feu à la flotte de leurs alliés qui se trouvait alors dans le port, ce qui aurait rendu les Athéniens maîtres de la mer et arbitres de la Grèce.

Aristide, un des membres du conseil, s'élève avec force contre cette proposition.

*Plan.*

La première partie du discours d'Aristide doit être le développement de ce raisonnement :

On ne doit jamais rien faire de honteux ni d'injuste, quelque utilité qu'on y trouve; or rien n'est plus honteux ni plus injuste que ce projet; donc, etc.

La seconde partie doit être le développement de cet autre raisonnement :

Ce qui est honteux et injuste n'est jamais vraiment utile, et finit par devenir funeste : le projet de Thémistocle finirait par entraîner la ruine d'Athènes; donc il faut le rejeter.

---

### 136. MONOLOGUE DE CAMILLE.

Camille était un général romain qui avait rendu les plus grands services à sa patrie. Créé dictateur l'an 396 avant Jésus-Christ, il prit Véïes, que les Romains assiégeaient inutilement depuis dix ans; il triompha des Volsques et soumit les Falisques.

Pour prix de tant de services, il fut frappé d'une condamnation et obligé de s'exiler. Il fixa son séjour à Ardée.

Quelques années plus tard, les Gaulois senonais, sous la conduite de Brennus, battirent complétement les Romains près de la rivière d'Allia, prirent la ville de Rome et la brûlèrent.

*Sujet et plan.*

Camille apprend dans sa retraite que Rome vient d'être prise et incendiée, et que les restes de l'armée romaine se défendent avec peine dans le Capitole.

Il exprime dans un monologue les sentiments qui l'agitent.

Ira-t-il ou n'ira-t-il pas les secourir?

Le souvenir de l'injustice qu'il a essuyée, et le sentiment de son devoir, son ressentiment contre des concitoyens ingrats et l'amour qu'il a conservé pour sa patrie, se livrent mille combats dans son cœur.

Enfin le devoir et la patrie l'emportent. Il prend les armes.

Camille fut nommé dictateur; il conclut la paix avec les Gaulois, qui, moyennant une rançon considérable, abandonnèrent Rome et son territoire.

Les historiens romains ont altéré la vérité relativement à ces faits, et ont prétendu que les Gaulois furent vaincus et exterminés par Camille, ce qui est complétement faux.

Camille fut encore nommé deux fois dictateur, et remporta deux brillantes victoires, l'une sur les peuples d'Italie ligués contre les Romains, l'autre sur une nouvelle armée de Gaulois qui avaient envahi l'Italie.

---

### 137 et 138. PLAIDOYER POUR OU CONTRE MÉLANTHE.

*Sujet.*

Mélanthe, célèbre médecin d'Athènes, étant dans un temple le premier jour de l'an, demanda aux dieux de faire prospérer ses affaires. Un ennemi l'entendit, et l'accusa devant l'aréopage, tribunal d'Athènes célèbre par son impartialité et par sa sagesse.

*Plan.*

DISCOURS CONTRE MÉLANTHE.

*Exorde :* C'est avec regret que l'orateur accuse un citoyen recommandable par ses talents.

*Narration :* Il a entendu Mélanthe qui, etc.

Cette narration doit être courte.

*Confirmation :* Mélanthe demandait évidemment aux

dieux que ses concitoyens fussent accablés de maladies. Par là il s'est rendu coupable :

1°. Envers l'humanité;

2°. Envers la patrie;

3°. Envers les dieux, qu'il offensait par cette demande impie.

Quoiqu'un tel crime soit digne de mort, l'accusateur, à cause des talents et des services de Mélanthe, demande seulement qu'il soit banni.

DISCOURS POUR MÉLANTHE.

*Exorde :* Ce n'est ni l'admiration pour les talents de Mélanthe, ni la reconnaissance qui engage l'orateur à le défendre, mais la justice de sa cause.

1re *partie.* Quand bien même les prétendues preuves alléguées par l'accusateur seraient admissibles, et quand même Mélanthe aurait formé un vœu coupable, doit-on punir un homme pour un vœu, pour une prière qui ne pouvait faire aucun mal et qui serait restée un secret entre les dieux et lui sans la blâmable indiscrétion de son accusateur?

2e *partie.* Mais la prière de Mélanthe n'avait rien que d'innocent : il demandait aux dieux la faveur de guérir ses malades. Connu pour un bon citoyen, pourrait-il avoir souhaité le malheur de son pays? Célèbre par ses talents et par ses lumières, était-il capable d'un acte de démence? Pieux et sage, aurait-il osé insulter les dieux par une prière sacrilége?

*Péroraison :* Pour dédommager Mélanthe des chagrins que vient de lui causer la calomnie, le peuple, à qui il a rendu tant de services, doit lui accorder de nouveaux honneurs.

## 139. DISCOURS CONTRE CHÉOPS.

Il existait chez les anciens Égyptiens un usage très-remarquable : on jugeait les rois après leur mort.

Pendant leur règne, le peuple leur était toujours soumis ; mais, aussitôt qu'ils avaient cessé de vivre, un conseil formé de l'élite des citoyens se rassemblait pour décider sur leur mémoire. S'ils avaient été bons et justes, ils étaient proclamés les pères du peuple ; leur règne était béni et leur mémoire était sacrée ; leurs restes étaient ensevelis dans un magnifique tombeau.

Si, au contraire, ils avaient abusé de leur puissance, leur mémoire était flétrie, leur règne était maudit, et les honneurs funéraires leur étaient refusés.

L'un de ces rois, Chéops, avait accablé son peuple d'impôts intolérables et de corvées excessives pour bâtir la grande pyramide, dans laquelle il voulait être enseveli, et qui subsiste encore.

Les pyramides d'Égypte sont un ouvrage gigantesque, le plus étonnant, peut-être, qui soit sorti de la main des hommes. Elles sont formées de pierres énormes, et bâties dans un désert de sable éloigné des carrières de plus de cent lieues. On ne sait par quels moyens on a pu amener là ces pierres et les élever à une telle hauteur. Il paraît qu'anciennement les pyramides étaient revêtues de marbre au dehors et ornées au dedans avec luxe.

Chéops, qui a fait construire le plus grand de ces monuments, vivait, dit-on, vingt-deux siècles avant l'ère chrétienne.

*Sujet.*

Chéops, dans le désir insensé d'éterniser son nom et d'avoir un tombeau d'une magnificence inouïe, avait écrasé ses peuples.

Lorsque après sa mort on jugea solennellement sa mémoire, son éloge fut prononcé devant le conseil par un de ses courtisans, qui vanta sa magnificence, ses talents et la gloire de son règne.

Un vieillard obtint ensuite la parole : il accusa Chéops et demanda que la mémoire de ce mauvais roi fût flétrie, et qu'au lieu d'admettre ses restes dans la magnifique pyramide qu'il avait construite, on ordonnât que son cercueil resterait déposé sans honneur devant l'entrée de ce monument d'orgueil et de barbarie.

L'avis de ce vieillard fut suivi.

*Plan.*

*Exorde :* Enfin la vérité peut se faire entendre.

*Proposition et narration* : L'orateur énonce la demande qu'il adresse aux juges et la justifie par le tableau des malheurs dont Chéops a accablé l'Égypte.

*Confirmation :* 1° Il est juste de punir Chéops et de venger ses victimes;

2°. Il est utile de donner par cet exemple sévère un avertissement aux rois qui seraient tentés d'imiter ce tyran.

Péroraison vive et animée.

---

### 140. PLAIDOYER POUR FLAVIANUS.

*Sujet.*

Un sénateur romain, nommé Flavianus, avait un fils unique dont la tendresse et la piété faisait toute sa consolation. On vient lui apprendre que ce fils chéri a été tué dans une bataille; cette nouvelle lui est confirmée de la manière la plus authentique, soit par les rapports officiels des chefs, soit par les discours de plusieurs témoins oculaires qui étaient venus de l'armée. Ce malheureux père tombe malade de chagrin et meurt peu de jours après, en instituant pour héritier un de ses amis nommé Labéon.

Six mois après, le jeune homme, qu'on avait cru mort, arrive. Les ennemis, qui l'avaient trouvé respirant encore sur le champ de bataille, lui avaient sauvé la vie.

Il trouve son père mort et son bien entre les mains d'un étranger.

Après quelques jours uniquement consacrés au deuil et à l'affliction, le jeune Flavianus redemande son bien à Labéon. Labéon refuse. L'affaire est portée devant les tribunaux.

*Plan.*

Après un exorde convenable et une courte narration, l'avocat de Flavianus, dans la première partie de sa confirmation, établira les droits de son client; il pourra développer les deux raisonnements suivants :

La volonté du testateur, clairement manifestée et parfaitement connue, doit servir de règle aux juges, quand bien même les paroles du testament ne l'exprimeraient pas d'une manière assez nette : or la volonté de Flavianus était évidemment de ne laisser sa fortune à Labéon que si son fils était mort, ce que prouvent les considérants mêmes du testament.

Donc..., etc.

D'après la loi, un acte aussi grave que l'exhérédation d'un fils ne doit jamais être présumé et ne peut être reconnu qu'autant que le père a déclaré cette exhérédation d'une manière authentique ;

Or, Flavianus est vivant; et tout testament en faveur d'un autre qui suppose son exhérédation sans qu'elle ait été prononcée, devient nul.

La seconde partie de la confirmation embrassera des considérations d'un ordre plus élevé : l'intérêt de la république, les droits d'un généreux citoyen dont tout le malheur vient d'avoir combattu avec courage, l'indignité de la conduite de Labéon, les remords qu'éprouveraient les juges d'avoir consacré une telle iniquité, etc.

Cette affaire a eu lieu à peu près un siècle avant l'ère vulgaire. Labéon perdit sa cause, et Flavianus fut réintégré dans ses droits.

### 141. DISCOURS SUR LA NAISSANCE DU SAUVEUR.

On peut considérer dans cet événement le *lieu*, *l'époque* et les *circonstances*.

*Plan.*

1re *partie :* LE LIEU. Le Messie a voulu naître dans la Judée : 1° parce que c'était une terre privilégiée et chérie de l'Éternel, consacrée par une longue suite de miracles, et la seule où le vrai Dieu eût un temple et des adorateurs ; 2° afin que les Juifs, dans la suite, ne pussent justifier leur aveuglement, en alléguant que les miracles de Jésus-Christ s'étaient passés loin de leurs yeux.

2e *partie :* L'ÉPOQUE. 1° Tout l'univers étant réuni sous la domination romaine, la prédication de l'Évangile devait être plus prompte. 2° La corruption étant à son comble et le moment n'étant pas loin où le monde allait être opprimé par une longue suite de tyrans, la religion qui instruit, qui régénère et qui console, était plus nécessaire que jamais. 3° La dernière heure de Jérusalem, ville où le mystère de la Passion devait s'accomplir, était déjà marquée dans les décrets éternels, et l'empereur sous les auspices duquel elle devait être détruite allait naître sept ans après le Messie [1].

3e *partie :* LES CIRCONSTANCES. 1° Si le Christ s'était montré dans toute sa splendeur, tout le monde aurait cru forcément en lui, et le mystère de la Passion n'aurait pu s'accomplir. 2° Si, sans paraître dans tout l'éclat de la Divinité, il était né dans une condition brillante, la foi aurait eu beaucoup moins de mérite. 3° Il a voulu honorer la pauvreté et apprendre aux hommes le cas qu'ils doivent faire des biens de ce monde.

1. Vespasien; c'est son fils Titus qui prit Jérusalem l'an 70.

## 142. DISCOURS DE PLATON AUX ATHÉNIENS.

Socrate, illustre philosophe athénien, considéré comme le père de la philosophie grecque, répandait parmi les jeunes gens les plus sages doctrines et la plus pure morale. Ses succès lui firent des ennemis. Trois hommes, Anytus, Mélitus et Lycon, l'accusèrent de corrompre la jeunesse et d'altérer la religion du pays. Sous ce prétexte absurde, il fut condamné à mort par des juges iniques, conformément aux désirs d'un peuple léger et injuste, 400 ans avant Jésus-Christ. Il subit son sort avec un courage et une résignation admirables.

A peine ce crime eut-il été commis, que les Athéniens se repentirent de l'avoir provoqué et souffert. Le supplice d'un sage, révéré de toute la Grèce, et dont le nom était moins celui d'un homme vertueux que celui de la vertu même, les couvrit de confusion et leur arracha des larmes.

*Sujet.*

Profitant de ces dispositions favorables, les disciples de Socrate, ayant à leur tête Platon, Xénophon, Isocrate et d'autres jeunes gens destinés à être un jour des hommes illustres, paraissent en habits de deuil devant l'assemblée du peuple. Platon parle au nom de tous; il demande que les Athéniens consacrent leur repentir par un deuil public, et qu'ils érigent un monument en l'honneur du sage qui a péri victime de leur erreur.

*Plan.*

L'orateur déplore l'erreur dans laquelle les Athéniens étaient tombés; il ne les accuse pas, il ne leur adresse pas de reproches, il s'afflige avec eux.

Maintenant que Socrate n'est plus, on reconnaît ce qu'il valait.

Court éloge de ce grand homme.

Mais suffit-il de déplorer l'injustice commise envers lui? Non; l'honneur d'Athènes exige qu'on lui accorde une réparation éclatante.

Qu'un deuil public soit ordonné ; qu'un monument soit élevé.

Développez les motifs qui doivent engager les Athéniens à élever ce monument :

Réparation d'une injustice ; repentir ; consolation due à une famille et à des disciples affligés ; honneur d'Athènes intéressé à ce que la mémoire de ses grands hommes soit honorée ; hommage rendu à la philosophie dans la personne de son plus digne interprète ; encouragement à ceux qui, dans la suite, voulant prêcher de saines doctrines, pourraient être retenus par la crainte, etc.

Ce discours eut un entier succès. Le peuple décida qu'on érigerait un monument en l'honneur de Socrate ; mais, toujours extrême dans ses résolutions, il décréta que ses accusateurs seraient punis de mort.

Rien de relatif à cette seconde circonstance ne doit se trouver dans le discours de Platon : des paroles de vengeance ne doivent pas sortir d'une telle bouche.

Le monument érigé à Socrate se voit encore aujourd'hui à Athènes.

---

### 143. DISCOURS DE RAOUL A CHARLES LE GROS (887).

*Sujet.*

Les Normands[1] ont assiégé Paris pendant deux ans avec un acharnement incroyable ; Paris les a repoussés avec une admirable valeur. Mais les Normands, affamés de butin et de carnage, campent encore sous ses murs. Enfin l'empereur Charles, élu depuis trois ans roi de France, arrive à la tête d'une armée et occupe les hauteurs de Montmartre. Un autre eût donné sans retard le signal de la bataille. Charles est préoccupé d'une autre pensée. Les Normands lui ont promis de

1. Quelques personnes aujourd'hui écrivent *Northmans*.

lever le siége et de se retirer s'il veut leur donner une forte somme d'or, et il assemble son conseil pour délibérer sur cette offre. Quelques membres du conseil sont d'avis qu'elle soit acceptée.

Un des seigneurs français qui ont été appelés à ce conseil, Raoul, est indigné ; il prévoit la honte et les malheurs auxquels on s'expose en achetant aux Normands une paix qui sera bientôt violée ; il demande que l'on marche sur-le-champ contre ces barbares.

*Plan.*

Vous mettrez dans la bouche de Raoul des paroles qui expriment l'indignation qu'il ressent : il fait voir quels effets aura relativement à l'ennemi, relativement à la France, relativement à Charles lui-même, la conduite que l'on conseille au nouveau roi des Français de tenir.

Il prouvera qu'on enhardira par là les Normands, et qu'en ajoutant à leurs ressources on les rendra plus redoutables ; qu'il est insensé d'employer l'argent de la France à enrichir les ennemis de la France ; que payer leur départ, c'est les exciter à revenir le plus tôt possible pour se faire payer encore ; que c'est offrir une prime et une récompense à tous les barbares qui voudront s'enrichir aux dépens du pays.

Il fera voir que par une telle conduite on frappe mortellement la France dans son honneur ; qu'on la couvre de honte aux yeux de toute l'Europe ; qu'on décourage les populations en leur faisant croire que les armées n'osent pas combattre ; qu'on éternise la ruine du pays ; qu'on y étouffe l'esprit militaire et tous les sentiments généreux que cet esprit fait naître et qui l'entretiennent.

Il attirera l'attention de Charles sur ses propres intérêts et sur ceux de sa race. A l'aide de quelques précautions oratoires, il fera comprendre que la France n'obéira pas longtemps à des princes qu'elle n'estimera plus ; qu'en répudiant l'exemple de Charles Martel et de Charlemagne leurs descendants devront renoncer à l'héritage de ces deux héros, et il laissera entrevoir au nouveau roi quelles sont les disgrâces qui peuvent personnellement le frapper.

Il terminera en exhortant Charles à profiter d'une occasion si belle, à donner à sa vaillante armée et aux intrépides Parisiens le signal de l'attaque, et à écraser si complétement les barbares, que la France soit désormais à l'abri de leurs incursions.

Ces événements eurent lieu après la mort de Carloman (*Voyez* le 79e exercice). La France, envahie et ravagée, avait choisi pour roi (à l'exclusion de Charles le Simple, jeune frère de Carloman), un autre prince carlovingien, Charles le Gros, qui régnait déjà en Allemagne et en Italie.

Charles le Gros n'écouta pas le sage et généreux conseil de Raoul; il acheta à prix d'or le départ des Normands.

Par cette lâche conduite, il s'attira le mépris universel. En 888, les Allemands et les Italiens le déposèrent, et il mourut l'année suivante, abandonné de tout le monde.

Quant aux Français, ils choisirent pour roi Eudes, comte de Paris, qui, durant le siége de cette ville, s'était couvert de gloire.

Eudes fut le premier roi de la troisième race, qui fut, plus tard, appelée *Capétienne,* du nom de Hugues Capet, petit-neveu d'Eudes.

---

## 144. DISCOURS EN FAVEUR D'YVAIN DE FOIX.

Gaston, comte de Foix, avait épousé une sœur de Charles le Mauvais. La comtesse, brouillée avec son mari, s'était retirée auprès de son frère. Yvain, fils du comte et de la comtesse, âgé de quatorze ans, obtient la permission d'aller voir sa mère à Pampelune.

Au moment du départ, Charles le Mauvais suspend au cou de son neveu un petit cœur en or dans lequel étaient renfermées quelques gouttes de liqueur. Il lui persuade que cette liqueur est un philtre merveilleux, et que, s'il la verse dans la coupe de son père, le comte reprendra tout son amour pour son épouse; il lui recommande le secret le plus profond. Yvain, de retour à Orthès, remplit la mission que son oncle lui avait donnée; mais, au moment où il allait répandre la liqueur dans la coupe de son père, on l'aperçoit; Gaston jette la liqueur dans un vase d'eau, et fait boire cette eau à un chien, qui périt bientôt dans les convulsions.

Gaston s'abandonne à toute sa colère; Yvain, accusé d'une tentative de parricide, est enfermé dans une tour obscure. Gaston rassemble ses amis et ses conseillers pour délibérer sur le sort de son fils.

*Sujet et plan.*

Un des conseillers parle en faveur d'Yvain, dont le seul crime est d'avoir cru à la sincérité de l'exécrable frère de sa mère.

1re *partie :* L'innocence de Gaston est prouvée par l'ignorance où il était des effets du philtre qu'on lui avait remis ; par la perversité de son oncle et par les dispositions heureuses que l'enfant a toujours montrées pour la vertu.

2e *partie :* Si l'innocence de Gaston n'est pas regardée comme complète, et si l'imprudence qu'il a commise paraît digne de châtiment (et l'orateur n'en disconvient pas), on ne doit lui infliger qu'une peine convenable à son âge, et qui lui laisse l'espoir de recouvrer plus tard la tendresse de son pere et l'estime publique.

Charles d'Évreux, surnommé *le Mauvais*, roi de Navarre, ne cessa de fomenter des troubles en France, dans l'espoir d'arriver à la couronne; il tenta d'empoisonner son beau-frère, le dauphin Charles, depuis Charles V; il excita aussi des troubles en Espagne, et trahit tous les partis. Il périt d'une mort cruelle en 1387.

Gaston Phœbus, comte de Foix, régnait sur le pays de Foix et sur le Béarn, et résidait habituellement à Orthès. Il fut célèbre par sa valeur et par sa magnificence. Né en 1331, il mourut en 1391.

Le fils de Gaston Phœbus (il s'appelait Gaston comme son père, et si nous l'appelons Yvain, c'est pour éviter la confusion des noms), voyant qu'il avait été sur le point de commettre par imprudence le plus affreux des crimes, et qu'il était soupçonné d'avoir agi sciemment de concert avec son oncle, tomba dans le désespoir et ne voulut plus manger; il périt misérablement dans sa prison.

---

### 145. DISCOURS CONTRE JEAN SANS TERRE (1203).

Richard, surnommé *Cœur de Lion*, mort sans enfants en 1199 (*Voir* les exercices 87 et 88), était à la fois roi d'Angleterre et possesseur de plusieurs provinces de France.

En effet, il tenait de sa mère Alienor la Guyenne, le Poitou, la Saintonge et l'Angoumois; il tenait de son père Henri Plantagenet l'Anjou, le Maine et la Touraine, héritage des Plantagenet; et, en outre, la

Normandie et le royaume d'Angleterre, récemment conquis par les Normands, héritage que Henri Plantagenet avait reçu de sa mère, fille de Guillaume le Conquérant.

Richard Cœur de Lion avait deux frères, Geoffroi et Jean.

Geoffroi avait épousé Constance, comtesse de Bretagne, et eut d'elle un fils nommé Arthur; Geoffroi mourut avant Richard.

Jean (surnommé *sans Terre*, parce que son père, connaissant son naturel pervers, ne lui avait pas laissé d'apanage), ayant appris la mort de Richard Cœur de Lion, prétendit lui succéder dans le royaume d'Angleterre et dans les duchés et comtés de France, et s'empara de tout au préjudice d'Arthur, fils de son frère aîné.

Arthur réclama ses droits et trouva des défenseurs. La guerre entre l'oncle et le neveu avait duré quatre ans, lorsque Arthur se laissa surprendre dans une embuscade. Jean, le tenant dans ses mains, lui demanda pour rançon la cession absolue de ses droits. Arthur s'y refusa. Alors Jean le fit amener secrètement à Rouen, dans une tour située au milieu de la Seine, et lui enfonça son épée dans le cœur; puis, se courbant sur le corps presque encore respirant, il y attacha une grosse pierre et le roula dans le fleuve. Arthur avait alors seize ans.

Quoique commis dans les ténèbres, ce crime affreux fut bientôt connu et excita une horreur générale. Constance, mère de la victime, courut à Paris demander vengeance au roi de France, Philippe-Auguste. Philippe fit citer le monarque, son vassal, devant la cour des pairs. Jean sans Terre, pour s'y rendre, demanda un sauf-conduit; Philippe ne voulut le lui accorder que pour venir; pour le retour, il le refusa en disant : « Si Jean est reconnu innocent, il n'en aura pas besoin; s'il est coupable, il ne le mérite pas. »

La cour des pairs s'assembla; Jean ne comparut pas et n'envoya personne pour soutenir sa cause.

*Sujet et plan.*

Un des membres de la cour des pairs prend la parole :

Il établit que Jean est coupable; il n'en veut d'autre preuve que son refus de comparaître devant ses juges.

Il fait ressortir tout ce que ce crime a d'affreux.

Il réclame le châtiment du coupable au nom des lois violées, au nom de l'humanité et de la nature outragées, au nom de la chevalerie, au nom de la France et de l'Angleterre même.

Il réfute ce qu'on pourrait objecter : que Jean, comme roi d'Angleterre, n'est pas justiciable d'un tribunal français; mais Jean n'est pas roi d'Angleterre, puisque la couronne d'Angleterre appartenait à son neveu, et que l'on n'hérite pas de ceux que l'on assassine; et d'ailleurs, Jean, vassal de la France, a commis ce forfait sur la terre de France, et sur la personne d'un enfant de la France.

Il finit en demandant l'arrêt de mort du coupable et la confiscation de tous les domaines qu'il possède en France.

Jean, d'une voix unanime, fut condamné à mort comme assassin, félon et traître. Par le même arrêt, ses possessions en France furent confisquées et réunies à la couronne.

Philippe-Auguste, pour exécuter l'arrêt, s'empara sur-le-champ de la Normandie, qui se trouva ainsi réunie à la couronne de France, dont elle était séparée depuis 292 ans; il s'empara aussi de l'Anjou, du Maine et de la Touraine.

Jean, devenu l'objet de l'exécration universelle, abandonné et détrôné par les Anglais, périt misérablement en 1216.

---

## 146. DISCOURS ADRESSÉ A CLOVIS II.

*Sujet.*

Clovis II, roi des Francs, devenu majeur et affranchi de la tutelle de sa mère Nantilde, se livre à une mollesse effrénée, s'endort dans les plaisirs, et abandonne au maire du palais le gouvernement du royaume et le commandement des armées.

Un frère de sa mère lui adresse à ce sujet un discours dicté par le dévouement autant que par la prudence, et lui annonce les malheurs qui frapperont et sa race et lui-même, s'il ne sort pas de cette fatale apathie.

*Plan.*

L'orateur, s'adressant à Clovis avec la sévérité d'un parent tempérée par la tendresse d'un ami, le conjure de s'arracher à cette oisiveté qui l'enivre, qui le dégrade et qui peut le conduire à tous les vices, et de renoncer à tous ces faux plaisirs, qui usent et abrégent la vie. (Tableaux, préceptes, etc.)

Il lui prédit les suites qu'aura cette excessive mollesse pour ses enfants qui voudront suivre son exemple, l'abâtardissement de la famille royale dont le sang aura été appauvri et brûlé par les excès, le mépris et la désaffection des peuples, l'audace croissante des maires, qui réduiront bientôt les rois à n'être plus que de vains fantômes, et enfin, la chute prochaine de la race mérovingienne, qui, après s'être élevée et maintenue par le courage, s'éteindra dans l'ignominie. (L'histoire des rois fainéants et de l'élévation de la race carlovingienne, connue des élèves, leur fournira sur ce point assez de documents et d'idées.)

Il finit par une exhortation vive et animée : que Clovis songe enfin à remplir ses devoirs envers la France et envers lui-même; qu'il s'occupe des affaires; qu'il se mette à la tête des armées; qu'il fasse donner à ses enfants une éducation mâle et forte : la conservation de sa puissance, de son honneur, de sa vie même est à ce prix.

Clovis II mourut en 626, âgé seulement de vingt-deux ans. Ses trois fils, Childéric II, Clotaire III, Thierri, qui, après lui, portèrent le titre de rois, moururent jeunes. La liste des rois fainéants commence à eux et ne s'arrête plus qu'à l'avénement de la seconde dynastie.

---

## 147. DISCOURS DU CHEVALIER DE GOURGUES A SES AMIS.

La Floride, presqu'île de l'Amérique septentrionale, venait d'être découverte. Sous le règne de Charles IX, après la paix faite entre les catholiques et les protestants (paix qui devait être ensuite rompue par l'attentat de la Saint-Barthélemy), une colonie de protestants français alla s'établir dans la Floride, sous les auspices de l'amiral de Coligny et avec l'autorisation du roi Charles IX, qui fournit de l'argent et des vaisseaux. Les colons français bâtirent un fort qu'en l'honneur du roi ils appelèrent *la Caroline*, et commencèrent à défricher le terrain.

Le roi d'Espagne Philippe II (qui était en paix avec la France), voulant s'attribuer la possession exclusive de l'Amérique et pensant que le gouvernement français ne soutiendrait pas les colons, fit partir de Cadix une flotte pour les exterminer. Menendès, qui la commandait, arrive à la Floride; il débarque ses troupes et marche vers le fort de *la Caroline*; il attaque tous les retranchements, les emporte l'épée à la main, et fait un massacre horrible. Tous ceux qui avaient échappé au carnage furent pendus à des arbres avec cette inscription : *Non comme Français, mais comme hérétiques*. Menendès et ses hommes s'établirent dans le fort et dans les maisons qu'avaient bâties les Français, et construisirent plusieurs postes fortifiés.

*Sujet.*

La nouvelle de cet attentat arrive à Bordeaux.

Un jeune gentilhomme protestant, Dominique de Gourgues[1], navigateur habile et hardi, ennemi des Espagnols, dont il avait reçu des outrages personnels, passionné pour sa patrie, pour les expéditions périlleuses et pour la gloire, réunit tous ceux des jeunes gens riches de la province qui appartenaient à sa communion, et leur propose d'aller avec lui venger leurs frères.

*Plan.*

Dominique de Gourgues retrace en peu de mots à ses auditeurs l'attentat que les Espagnols viennent de commettre, au mépris de toutes les lois divines et humaines.

Il faut qu'un tel forfait soit puni. Qui s'en chargera?

Ce ne sera pas le Gouvernement français ; les guerres civiles l'en empêchent : d'ailleurs, les protestants lui sont suspects, et il ne voudrait pas s'engager dans une guerre avec l'Espagne pour les venger.

Ce sera de Gourgues, ce sera cette brave jeunesse.

Voici ce qu'il leur propose :

Armer à leurs frais quelques navires, choisir des compagnons braves comme eux, naviguer vers la Floride, reconquérir le territoire usurpé sur leurs frères et punir les assassins.

Peuvent-ils faire un plus noble usage de leur fortune et de leurs bras?

L'orateur développe les divers motifs qui doivent les encourager à une si patriotique entreprise, et réfute les objections qu'on peut lui adresser.

1. Né à Mont-de-Marsan. Sa famille subsiste encore.

Cette entreprise les dispensera pour quelque temps de prendre part aux guerres civiles qui probablement vont recommencer : ils auront servi la France et honoré leur jeunesse par une action immortelle.

De Gourgues, donnant l'exemple à ses amis, vendit presque tout son bien pour subvenir aux frais de l'expédition.

L'expédition fut entreprise et exécutée avec une rapidité incroyable.

De Gourgues, à la tête de ses braves compagnons, va attaquer les meurtriers dans la Floride, les pousse de poste en poste avec une valeur, une activité admirables, les bat partout, et, pour opposer dérision à dérision, les fait pendre à des arbres sur lesquels on écrit : *Non comme Espagnols, mais comme assassins.*

---

### 248. DISCOURS DE L'AMBASSADEUR DE FRANCE AU PAPE.

(XVI^e siècle.)

*Sujet.*

Le barigel de Rome (on appelait ainsi une sorte de prévôt) venait de surprendre un voleur de nuit en flagrant délit, et, selon le droit de sa charge, il le conduisait au supplice.

L'aurore commençait à luire; les hommes de sa suite paraissaient peu se soucier d'attacher le coupable au gibet. Il rencontre un pauvre prêtre français et le contraint de remplir à leur place cet affreux ministère.

L'ecclésiastique va se plaindre à l'ambassadeur de France.

L'ambassadeur (c'était le cardinal d'Estouteville) court au Vatican, obtient une audience du pape e lui demande que le barigel soit puni d'une manière éclatante.

*Plan.*

L'ambassadeur, après un exorde convenable, raconte en peu de mots au Saint-Père le fait, objet de sa plainte.

Il fait ressortir ce que le fait a d'odieux : un Français contraint à une œuvre déshonorante ; un prêtre obligé de donner la mort à un homme.

Il demande un châtiment prompt et exemplaire.

Comme il croit lire dans les regards du pape une sorte d'embarras, précurseur d'une réponse dilatoire ou évasive, il déclare que si cette satisfaction ne lui est pas accordée, il va quitter Rome sur-le-champ et intimer à tous les Français l'ordre de le suivre.

Il finit en exprimant le ferme espoir qu'il ne sera pas réduit à cette extrémité, et qu'il obtiendra la satisfaction qu'il réclame du souverain de Rome, du chef de l'Église, d'un ami de la France.

L'ambassadeur n'obtint pas justice.

Exaspéré, il fait saisir le barigel, le fait traîner dans la cour du palais de France, et là le fait suspendre à un gibet.

Puis, rassemblant toutes les personnes de sa suite et faisant charger les armes, il sort de Rome, en annonçant la ferme résolution de repousser la force par la force si on osait l'attaquer.

Le pape fit courir après lui pour le prier de revenir, et déclara que, sans approuver son action, il ne donnerait point de suite à cette affaire.

D'Estouteville rentra à Rome en triomphe.

---

## 149. DISCOURS POUR OU CONTRE ISADAS.

Le général thébain Épaminondas, à la tête d'une nombreuse armée, attaqua, vers l'an 365 avant Jésus-Christ, la ville de Sparte. Sparte n'était point fortifiée ; elle ne voulait d'autre rempart que le courage de ses citoyens.

Pendant que cette attaque avait lieu sur plusieurs points, le bruit d'un combat qui se livrait à l'une des portes se faisait entendre dans un gymnase. Un élève, âgé de seize ans, et doué d'une force au-dessus de son âge, nommé Isadas, s'échappe du gymnase, va se mêler aux combattants, saisit les armes d'un guerrier blessé, et combat avec un courage admirable. Sur le point où combat Isadas, les Thébains sont repoussés avec une perte considérable, et c'est surtout au courage du jeune homme que le succès est dû.

*Sujet et plan.*

Le lendemain, Isadas est accusé devant le sénat :

« Il a manqué à ses devoirs d'élève en quittant le gymnase ; il a manqué aux devoirs d'un citoyen en prenant les armes sans autorisation, et enfin, si on voulait le considérer comme soldat, il serait encore coupable comme ayant combattu sans ordre et sans chef. »

Accuser Isadas est une tâche facile. L'accusateur, vieillard sévère, insiste sur la nécessité de maintenir parmi les jeunes gens l'obéissance, parmi les citoyens la discipline :

La république a assez d'hommes pour se défendre ; elle n'a pas besoin du secours des enfants.

La tâche de défenseur, plus douce, n'est guère plus difficile. L'orateur soutient que lorsque la patrie est en danger, la première loi est de la sauver, et que tout autre devoir s'efface devant celui-là.

Il faut encourager par tous les moyens possibles dans le cœur des jeunes citoyens cet enthousiasme qui brave tout pour la défense de la patrie. L'action d'Isadas a produit l'effet le plus heureux en prouvant aux ennemis qu'à défaut des hommes, les enfants, à Sparte, suffiraient pour les repousser.

Le sénat, pour concilier l'observation rigoureuse des lois avec la reconnaissance due aux belles actions, infligea d'abord à Isadas une peine légère, et lui décerna ensuite une récompense éclatante.

---

## 150. DISCOURS EN FAVEUR D'INÈS DE CASTRO.

(1355.)

*Sujet.*

Le fils unique du roi de Portugal Alphonse IV, don Pèdre, veuf d'une princesse de Castille, avait épousé secrètement Inès de Castro, femme aussi vertueuse que belle. Inès habitait une maison solitaire, sur les bords du Mondégo, dans les environs de Coïmbre; elle ignorait que son mari fût le fils du roi, et croyait qu'il n'était qu'un simple officier.

Le roi Alphonse voulait que son fils épousât une princesse d'Aragon : étonné de ses refus persévérants, il finit par en soupçonner la cause. Il rassembla un conseil secret. Le grand sénéchal soutint que les refus du prince et d'autres raisons encore prouvaient qu'il était marié avec Inès, et dit que le seul moyen d'arriver à l'alliance projetée avec l'Aragon, c'était de rompre le mariage du prince par la mort d'Inès. Il appuya de divers motifs cette affreuse proposition, que le roi paraissait accueillir favorablement, et que deux autres de ses favoris soutinrent avec chaleur.

Un des membres du conseil se lève pour la combattre.

(Don Pèdre était alors occupé dans une province éloignée à combattre les Maures. A cette époque, il avait trente-six ans; son père en avait soixante-quinze.)

*Plan.*

L'orateur laisse éclater l'indignation qu'il éprouve.

On propose à un roi de commander un assassinat!

Rien ne prouve qu'Inès soit l'épouse du prince : mais si elle l'est, est-ce un crime? Si c'est un crime, quelle est la loi divine ou humaine qui le punit de mort ?

Si le roi croit ce mariage illégitime, qu'il le fasse annuler; s'il le croit légitime, qu'il protége la femme et les enfants de son fils.

Mais la faire assassiner!... Dans l'un ou dans l'autre cas, c'est un forfait odieux.

L'orateur développe ce que cette action aurait d'horrible, surtout dans de telles circonstances.

Il réfute les allégations du grand sénéchal :

« Les enfants d'Inès raviraient peut-être la couronne au fils aîné de don Pèdre. » Cette crainte est sans fondement; et ose-t-on l'alléguer, quand on veut donner au prince une autre épouse?

« Le mariage avec une princesse d'Aragon serait utile au Portugal. » Mais le prince repoussera avec horreur une alliance qui aura servi de prétexte à l'assassinat d'une personne qui lui est si chère.

Ce crime sera donc aussi inutile qu'abominable.

Qui aura l'affreux courage de plonger son épée dans le sein d'Inès?

Le roi se souviendra qu'il est père et ne s'exposera pas à perdre pour jamais le cœur et l'estime même de son fils.

Ce discours n'eut pas de succès.

Avec l'autorisation du roi Alphonse, le grand sénéchal et les deux favoris se rendirent à Coïmbre. Ces trois hommes assassinèrent de sang-froid cette belle et vertueuse femme, qui n'avait pour défense que ses larmes et les cris de ses enfants.

A cette nouvelle, don Pèdre, au désespoir, marcha sur Lisbonne avec ses soldats, qui partageaient son indignation. Les trois assassins, épouvantés, s'enfuirent en Castille. Don Pèdre vécut dans un isolement profond, et ne voulut pas communiquer avec son père.

Quinze mois après, Alphonse mourut. Don Pèdre, devenu roi, se fit livrer par le roi de Castille les trois assassins, qui furent traduits devant les tribunaux et punis avec une rigueur inouïe. Puis il se rendit à Coïmbre ; là, en présence de tout le peuple, il déclara qu'Inès avait été son épouse légitime, et produisit les témoins de cette union. Puis il fit exhumer le corps de cette infortunée, dont la mort semblait avoir respecté la beauté; il la fit revêtir des habits royaux et placer sur un trône, avec la couronne sur la tête. Les prélats et les seigneurs vinrent successivement lui baiser la main. Ensuite, ces tristes restes furent conduits en grande pompe dans la sépulture des rois de Portugal.

Don Pèdre mourut après neuf ans de règne, en 1387, et fut inhumé auprès d'Inès.

### 151. DISCOURS DE CORIOLAN AUX VOLSQUES.

Coriolan, jeune patricien romain, se rendit célèbre par ses exploits et par ses victoires sur les Volsques, mais devint odieux au peuple romain par son orgueil. Le peuple non-seulement lui refusa le consulat, mais le bannit. Outré de cet affront, il alla offrir ses services aux Volsques. Il vint bientôt, à leur tête, ravager le territoire romain et assiéger Rome même. Les Romains, effrayés, lui envoyèrent, pour le fléchir, le sénat tout entier, puis les prêtres, portant entre leurs mains les choses sacrées. Il fut sourd à toutes les prières.

Il allait emporter la ville d'assaut, lorsque Véturie, sa mère, sortant de Rome, vint le trouver dans son camp et le supplier d'épargner sa patrie. Coriolan ne put résister aux larmes de sa mère. Il leva le siége et ramena l'armée des Volsques dans leur pays.

*Sujet.*

Coriolan a cédé aux instances de sa mère. Il a ramené l'armée des Volsques à Antium.

Tullus, ancien chef des Volsques, qui le premier avait accueilli Coriolan, et qui s'était vu ensuite dépouillé du commandement en faveur de ce nouveau venu, l'accuse de trahison devant l'assemblée du peuple et demande qu'il soit puni de mort.

Coriolan se défend.

*Plan.*

Coriolan prouve aux Volsques qu'il ne les a point trahis, qu'il n'a fait que céder à un sentiment impérieux auquel il eût été impossible à tout autre, comme à lui, de résister.

Du reste sa vie est entre leurs mains ; et la confiance avec laquelle il est venu se remettre en leur pouvoir prouve bien qu'il n'est pas un traître.

Ces deux parties, la première surtout relative à la puissance de l'amour filial, sont susceptibles de grands développements.

Selon quelques auteurs, les Volsques le condamnèrent à mort.

Selon d'autres (et cette opinion est la plus croyable), ils reconnurent que les droits imprescriptibles de la piété filiale justifiaient ou du moins excusaient sa conduite. Il continua d'habiter parmi eux, et parvint à une grande vieillesse.

Ces faits se sont passés l'an 491 avant Jésus-Christ. Le territoire de Rome était alors peu considérable et ne s'étendait pas très-loin de ses murailles.

Les Volsques étaient un peuple belliqueux, voisin des Romains et souvent en guerre avec eux. Leur ville principale était Antium, aujourd'hui *Azzio* et *Nettuno*, sur le bord de la mer, à 50 kilomètres de Rome.

Vers l'an 338 avant Jésus-Christ, les Volsques furent entièrement soumis par les Romains.

---

## 152. DISCOURS POUR CONRADIN.

Charles d'Anjou, frère de saint Louis, appelé en Italie par le pape, vainquit et détrôna Mainfroi, roi de Naples et de Sicile. Ce Mainfroi était fils naturel de l'empereur Frédéric II, roi de Naples et de Sicile ; il s'était fait couronner roi après la mort de Conrad II, fils légitime de Frédéric, et au préjudice de Conradin, fils de Conrad. Charles d'Anjou se rendit maître de tout le pays. Conradin n'était alors qu'un enfant ; il était élevé en Allemagne.

Conradin était le seul et dernier rejeton de l'illustre famille de Hohenstaufen ou de Souabe, qui avait régné avec gloire en Allemagne. Quand il fut arrivé à l'âge de seize ans, il voulut reconquérir le royaume de Naples et de Sicile, que son oncle lui avait enlevé et que Charles d'Anjou avait ensuite enlevé à son oncle. Il passa en Italie avec un ami de son âge, le prince de Hesse. Une armée nombreuse se réunit sous ses drapeaux. Il attaqua Charles d'Anjou en 1268 ; il fut vaincu et fait prisonnier.

*Sujet et plan.*

Conradin vient d'être vaincu et pris. Charles d'Anjou rassemble son conseil pour décider du sort de ce jeune homme. Il veut que Conradin soit traité en rebelle et périsse sur un échafaud.

Un chevalier français cherche à détourner le roi de cette horrible résolution.

Conradin doit être considéré comme prisonnier de guerre et traité comme tel; la justice le veut; l'humanité et la religion en font un devoir.

Ainsi le veut aussi une saine politique. Si Charles abuse aussi cruellement de sa victoire, il rendra sa cause odieuse à l'Italie, et le supplice de ce jeune infortuné entraînera les conséquences les plus désastreuses.

Dans son irrésolution, Charles s'adressa, dit-on, au pape, son allié, qui répondit : *Vita Conradini, mors Caroli; mors autem Conradini, vita Caroli.*

Conradin périt sur l'échafaud.

Son courage, au dernier moment, ne se démentit pas. Il jeta son gant au milieu de l'assistance, en disant qu'il léguait tous ses droits à celui qui le vengerait de son cruel meurtrier.

Ce gant fut ramassé par un ami fidèle, qui le porta à Pierre III, roi d'Aragon[1].

Cet ami était le fameux Procida, qui provoqua plus tard, contre Charles d'Anjou et contre les Français, les Vêpres siciliennes.

---

## 153. DISCOURS PRONONCÉ DANS LE CONSEIL DE HENRI III[2].

Le duc de Guise, homme doué des qualités les plus brillantes et chéri du peuple, surtout des Parisiens, aspirait au trône. Il avait profité des

1. *Voir* le 127e exercice.
2. Pour ce sujet et pour ceux qui suivent, nous ne faisons qu'indiquer le plan en très-peu de mots, ou même nous ne l'indiquons pas, afin que les élèves s'exercent à trouver eux-mêmes des preuves et à les disposer dans l'ordre le plus convenable

guerres de religion et de la faiblesse de Henri III pour exciter dans l'État des troubles affreux dont ce prince avait failli être victime. Au milieu de l'agitation universelle, le roi assemble à Blois les états généraux. Guise a l'audace d'y paraître et de l'y braver. Indigné et furieux, Henri, pour sauver sa couronne et sa vie, prend la résolution de faire assassiner Guise, résolution funeste qu'il exécuta et qui le perdit; car ce meurtre souleva tout le monde; la révolte devint générale, et Henri III fut assassiné à son tour devant Paris, qu'il assiégeait.

*Sujet et plan.*

Le roi vient de communiquer sa résolution à ses amis. Un d'entre eux tâche de l'en détourner et l'engage à punir Guise par une voie légale, et s'il ne peut en venir à bout, par la voie des armes.

L'assassinat est honteux en lui-même.

Voilà le premier moyen.

Il est funeste par les suites.

Voilà le second moyen.

C'est ce que vous développerez.

N'oubliez point 1° qu'en parlant avec horreur du crime dont le roi a conçu l'idée, notre orateur ne doit jamais s'écarter des bornes du plus profond respect envers le monarque; 2° qu'il doit manifester contre Guise la plus vive indignation, et se bien garder de l'excuser, ce qui serait un contre-sens.

---

### 154. DISCOURS D'UN JEUNE HELVÉTIEN AUX MAGISTRATS.

*Sujet et plan.*

Cinquante jeunes gens, appartenant au canton d'Uri, en Suisse, ont été bannis pour une faute de jeunesse. Ils apprennent que le duc Léopold d'Autriche, à la tête d'une armée formidable, s'avance pour détruire la liberté naissante de la Suisse. L'un de ces jeunes gens repasse la frontière, se présente devant les magistrats d'Altorf et demande, au nom de ses compagnons et au sien, la faveur d'expier leur faute en combattant au premier rang contre l'étranger, et en mourant pour la patrie.

En méditant ce sujet avec quelque attention, les élèves trouveront facilement les idées et les sentiments qu'a dû exprimer un jeune homme plein de cœur, aimant avec passion la patrie qui l'a justement proscrit, sentant profondément la faute qu'il a commise, brûlant de recouvrer son honneur et en même temps de terminer par une mort glorieuse une vie qui se serait tristement éteinte dans l'exil.

C'est en 1307 qu'avait eu lieu la révolution par laquelle les cantons suisses s'étaient affranchis de la tyrannie de l'Autriche. En 1315, le duc Léopold d'Autriche s'avança, avec vingt mille hommes, pour les réduire.

Trois cantons seulement composaient cette nouvelle république : Uri (dont le chef-lieu est Altorf); Underwald et Schwitz. La population réunie de ces trois cantons s'élève à peine à 80,000 âmes.

Le combat eut lieu dans les défilés de Morgarten; l'armée autrichienne fut écrasée, Léopold fut tué, la liberté de la Suisse fut assurée.

Les cinquante jeunes gens avaient obtenu leur demande et s'étaient placés à l'entrée du défilé, où ils trouvèrent une mort glorieuse.

---

### 155. DISCOURS DE VLADIMIR A FÉDOR.

*Sujet et plan.*

Ivan IV[1], czar de Russie ou Moscovie, laissa deux fils, Fédor[2] et Démétrius[3]. Fédor régna après son père (1584), et dans la crainte que Démétrius ne se fît un jour un parti dans l'État, il relégua ce prince, encore enfant, dans un château fort. Son premier ministre, nommé Boris Godunow, dirigé par une intention per-

1. Jean. *Voir* le 82e exercice.
2. Théodore.
3. En russe *Dimitri* ou *Dmitri*.

fide, persuada au czar qu'il fallait imiter les souverains d'Orient, et sacrifier son frère à la sûreté du trône. Fédor, inquiet et troublé, assemble quelques amis et leur demande leurs sentiments sur la proposition du premier ministre. Vladimir, homme honnête et conseiller fidèle, fait tous ses efforts pour détourner le czar d'un dessein également criminel et funeste.

La composition de ce discours n'offre aucune difficulté : les élèves qui méditeront le sujet avec quelque attention n'auront que le choix entre les idées et les sentiments qui s'offriront en foule à eux.

Boris l'emporta, et, avec la permission de Fédor, il fit tuer l'enfant par un officier à qui il fit sur-le-champ subir le même sort, pour supprimer les preuves du crime. Quelque temps après, il empoisonna son souverain et monta sur le trône ; mais, en supprimant les preuves du meurtre, il s'était perdu par ses propres précautions. La Russie fut envahie et désolée par six prétendus Démétrius qui parurent les uns après les autres, et dont cinq au moins, évidemment, étaient des imposteurs. Boris et son fils périrent dans ces troubles.

---

## 156. DISCOURS DU PAPE ALEXANDRE III AU CONCILE DE LATRAN.

*Sujet et plan.*

Le pape Alexandre III a assemblé au palais de Latran, en 1170, un concile œcuménique[1].

Alexandre III, s'adressant au concile, lui propose d'abolir à tout jamais, au nom de l'Église, l'esclavage, qui subsistait encore en Europe avec toutes ses hor-

1. On appelle conciles *œcuméniques* ceux où sont appelés tous les prélats du monde et les représentants de toutes les puissances catholiques.

Le palais de Latran, à Rome, était alors le séjour des papes. Déjà deux autres conciles œcuméniques s'étaient tenus dans le même lieu : plus tard il y en eut un quatrième.

reurs, et de décréter que la personne de tout chrétien est libre.

Les motifs qu'il fera valoir se rattacheront les uns à l'humanité, les autres à la religion; son discours se trouvera ainsi naturellement divisé en deux parties.

Alexandre III (dont le nom de famille était Orlando Ranuccio), était né à Sienne, en Toscane; il fut élu pape en 1159, et mourut en 1181. Alexandre III défendit intrépidement et avec succès l'indépendance de l'Italie contre l'empereur Frédéric Barberousse; il gouverna saintement l'Église, se fit chérir des Romains et respecter de l'Europe entière.

Sur sa proposition, le concile de Latran décréta l'abolition de la servitude et déclara que tout chrétien était libre.

---

## 157. DISCOURS DE FONTEIUS DANS LE SÉNAT ROMAIN.

*Sujet et plan.*

On vit sous le règne de Tibère les deux Vibius, le père et le fils, introduits ensemble dans le sénat, l'un comme accusé, l'autre comme accusateur; le père, restant chargé de fers pendant le discours de son fils, dont l'allégresse et la brillante parure semblaient insulter à l'affliction du vieillard : ce jeune monstre reprochait à son père d'avoir voulu attenter aux jours de l'empereur, et d'avoir fomenté par des émissaires la révolte des Gaules : il était à la fois le dénonciateur et le témoin. Il n'y avait point d'autre preuve; cependant Vibius le père fut condamné, parce que Tibère était son ennemi personnel.

Au moment où le sénat vient de s'assembler, avant que l'affaire ne se plaide, un sénateur, Fonteius, se lève : sans examiner le fond de l'affaire, il demande que l'accusateur ne soit pas entendu et que la cause ne se plaide pas.

Ceci est ce qu'on appelle une *question préjudicielle.* Tous les motifs que fait valoir Fonteius pour prévenir le plus affreux scandale sont tirés des lois de la nature et des sentiments communs à tous les hommes. Il sera facile aux élèves de les trouver.

Le règne horrible de Tibère a duré depuis l'an 14 jusqu'à l'an 37.

---

### 158. PLAIDOYER POUR OU CONTRE UN ENFANT DE DOUZE ANS.

Une foule nombreuse était réunie sur la place publique d'Athènes. Tout le monde considérait avec intérêt les efforts que faisait une fauvette pour échapper à la poursuite d'un épervier. Enfin la fauvette, dans son effroi, vient se réfugier dans le sein d'un enfant; l'enfant la saisit et la tue en la jetant avec force contre le pavé.

Un cri général d'indignation s'élève; on traîne l'enfant devant l'aréopage; on demande qu'il soit banni, parce que l'action qu'il vient de faire dénote un caractère féroce, qui le rend indigne d'habiter Athènes, et fait prévoir qu'il est capable de se porter dans la suite aux plus cruels excès.

*Plan.*

Selon que cette action vous paraîtra ou très-grave ou peu importante, ou même entièrement innocente, vous demanderez ou que l'enfant subisse le châtiment demandé par la clameur publique, ou qu'on se contente d'une peine beaucoup plus douce, ou même qu'il soit entièrement absous.

L'aréopage était un tribunal d'Athènes chargé du jugement des affaires criminelles; il jouissait de la plus haute réputation d'intégrité et d'équité.

---

### 159. DISCOURS DE L'ÉVÊQUE D'HÉLOS AUX GRECS ASSEMBLÉS DEVANT TRIPOLITZA.

*Sujet.*

On lit le passage suivant dans les *Mémoires* d'un Français qui a pris part à la lutte par laquelle les Grecs se sont affranchis de la domination des Turcs :

« L'on accordait une prime de trois piastres par tête de Turc pris ou tué les armes à la main. Un soldat grec dont le frère, fait prisonnier par les Turcs dans l'affaire du 5, avait été massacré, rencontra à deux lieues de la ville, trois jeunes Turcs que la faim en avait fait sortir. Il trancha la tête à deux de ces infortunés et les fit apporter chez Ypsilanti, notre général, par le troisième, en réclamant le prix des trois têtes. Cet homme raisonnait de manière à prouver que son action lui paraissait toute naturelle. Mais Ypsilanti, indigné, le fit désarmer, et lui dit, en lui faisant remettre neuf piastres, de regarder cet argent comme la récompense de la vie qu'il avait laissée au troisième, et non comme le prix du sang des deux autres. Ce soldat se retira très-mécontent, persistant à vouloir tuer le jeune Turc qui déjà avait apporté les têtes de ses frères. Et ce ne fut qu'avec beaucoup de peine que nous parvînmes à le tirer de ses mains.

« Tout le camp était de son avis, car l'exaspération des Grecs venait d'être portée à son comble par la nouvelle des massacres qui avaient recommencé à Constantinople, à Smyrne, à Salonique et dans d'autres villes de l'empire. Convaincus que la fermentation pouvait prendre un caractère dangereux, nous priâmes l'évêque d'Hélos, pour qui les soldats paraissaient avoir de la vénération, de tâcher de leur faire sentir toute la différence qu'il y a entre l'action de tuer un ennemi armé et un lâche assassinat. Ce prélat qui, dès le commencement de la guerre, avait supporté leurs fatigues et partagé leurs dangers, monta sur un rocher, et là, d'une voix forte, les harangua pendant une heure. Nous ne comprenions pas le langage dans lequel il s'exprimait; mais les visages de ces hommes farouches, mobiles interprètes de leurs expressions, nous traduisaient avec fidélité les paroles de l'homme évangélique. Nous vîmes par degré s'adoucir le regard enflammé des plus ardents au meurtre : un profond silence succéda aux murmures; ils se séparèrent calmes et pensifs; et le jeune Turc fut épargné. »

La Grèce, avant 1821, faisait partie de l'empire ottoman et était cruellement tyrannisée par les Turcs.

Les Grecs se soulevèrent en 1821, et soutinrent contre les Turcs une lutte acharnée, qui se prolongea, avec des succès divers, jusqu'en 1830, époque à laquelle les grandes puissances de l'Europe intervinrent et déclarèrent la Grèce indépendante.

Tripolitza, ville aujourd'hui presque entièrement détruite, était alors la capitale du Péloponèse, ou Morée, et la résidence du pacha.

Hélos est une petite ville du Péloponèse, appelée aussi *Tzili*, sur le bord de la mer.

---

## 160. DISCOURS POUR OU CONTRE ROSAMONDE.

(An 573 après J.-C.)

Alboin, roi des Lombards (qui habitaient alors en Germanie), attaqua les Gépides, autre peuple barbare, tua leur roi de sa main, et força Rosamonde, fille de ce roi, à l'épouser. Il se fit faire, du crâne du roi vaincu, une coupe pour boire; mais il ne la montra pas à Rosamonde.

Après avoir fait la conquête d'une partie de l'Italie[1], un jour, à Vérone, dans un grand festin, il se fait apporter cette fatale coupe, où le crâne du roi des Gépides, orné d'or, semblait donner au vin qui le remplissait l'apparence du sang jadis répandu. Il ordonne à Rosamonde de boire dans ce vase horrible : c'était lui ordonner le parricide. Cédant à la terreur, elle obéit; mais, dans le fond de son cœur, elle jura de venger son père en immolant son époux.

Elle promit à Elmige, chef lombard, de l'épouser s'il tuait Alboin. Un jour qu'Alboin, fatigué de la chaleur du jour, s'était jeté sur son lit, elle lia son épée dans le fourreau, et introduisit l'assassin, qui plongea son glaive dans le sein du roi.

La nuit suivante, Rosamonde et Elmige, devenus époux, s'enfuirent à la hâte; poursuivis par les Lombards, ils arrivent aux portes de Ravenne et demandent un asile.

1. *Voir* le 124e exercice.

*Sujet.*

**L'exarque[1] de Ravenne convoque son conseil. Faut-il accorder un asile à Rosamonde ou le refuser?**

Après avoir réfléchi sur les faits, on jugera si le crime de Rosamonde est inexcusable, ou si l'affreux outrage que lui avait fait son mari (vu surtout qu'Alboin l'avait épousée par force après avoir tué son père) diminue assez l'horreur que ce crime doit inspirer pour qu'un reste d'intérêt subsiste encore en sa faveur.

Dans le premier cas, on demandera que les portes de la ville lui soient fermées, ou même qu'elle soit livrée aux Lombards avec son nouvel époux; dans le second cas, on demandera qu'il lui soit permis de se réfugier dans la ville.

En cherchant à faire triompher l'opinion qui vous semble la plus juste, vous n'oublierez pas de réfuter les objections qu'on peut vous faire.

Rosamonde et Elmige furent admis dans Ravenne.

Quelque temps après, voulant se débarrasser d'Elmige, et familiarisée avec le crime, Rosamonde lui fit boire une liqueur empoisonnée; Elmige, soupçonnant le crime, la contraignit de boire le reste de cette liqueur. Ils périrent ainsi l'un par l'autre.

---

## 161. DISCOURS ADRESSÉ A DON JAYME.

*Sujet.*

Don Jayme vient d'annoncer à son conseil que les deux fils de Roger de Sanguinet, emportés par leur ardeur, se sont laissé prendre : il déclare qu'il va exiger de leur père de cesser de se défendre, sinon il exposera les deux jeunes gens aux coups de ses projectiles.

Un des officiers qui composent le conseil engage don Jayme à abjurer cette résolution inhumaine.

1. On nommait ainsi un vice-roi qui gouvernait une grande partie de l'Italie au nom de l'empereur d'Orient.

Les élèves trouveront facilement les raisons que l'orateur doit faire valoir, et les sentiments dont son discours doit être animé.

Voyez, pour l'explication des faits, les exercices 101 et 102.

---

### 162. DÉFENSE DE PIERRE HUC.

*Sujet.*

On lit dans la *Gazette des Tribunaux* du 24 juin 1836 :

CONSEIL DE GUERRE DE PARIS.

« Un jeune homme au teint brun foncé, cheveux couleur d'ébène, doué d'une physionomie des plus intéressantes, est amené devant le premier conseil de guerre sous la prévention de désertion.

« Les causes qui ont déterminé ce jeune homme à abandonner son régiment, mettent cette affaire hors de ligne de toutes celles que les conseils de guerre sont appelés à juger.

« Pierre Huc, jeune soldat de la classe de 1830, désigné par le tirage du canton de Lunel, pour faire partie du contingent du département de l'Hérault, fut envoyé dans le 6e régiment de ligne.

« Ce jeune homme était l'unique soutien de sa famille : mais la loi ne dispensant du service que le fils aîné de veuve, Huc fut obligé de quitter la maison de son père et d'aller rejoindre son corps. Six semaines s'étaient à peine écoulées depuis son incorporation, lorsqu'il quitta son régiment et revint en secret dans le canton de Lunel. Quels motifs avaient pu porter le jeune soldat à commettre une faute que les lois punissent si sévèrement? Son père presque septuagénaire, un frère aîné attaqué d'une maladie grave, un frère puîné trop jeune encore étaient tous les trois dans l'impossibilité de travailler. Le souvenir de leur désolation au moment de son départ était toujours présent à sa pensée ; sans lui ils n'avaient pas de moyen d'existence; et ils eussent été réduits à solliciter la commisération publique, s'il ne fût venu à leur secours. Pendant les cinq années de son absence, il a travaillé jour et nuit pour les siens; le jeune frère qui n'avait que onze ans à l'époque de son départ, il l'a nourri, il l'a élevé. Mais dès qu'il l'a eu mis à même de le remplacer auprès de leur père et de leur frère, et que l'enfant parvenu à l'âge de seize ans a eu assez de forces pour travailler avec avantage, Pierre Huc s'est présenté au maire de la commune et a demandé a faire sa soumission pour aller rejoindre le 6e de ligne. Les autorités civiles du département de l'Hérault, prenant en considération la conduite de ce jeune homme, lui firent délivrer une feuille de route pour venir en liberté rejoindre son régiment en garnison à Paris. Le colonel l'a fait arrêter et traduire comme prévenu de désertion devant le premier conseil de guerre.

« Le président, *au prévenu*. Pourquoi avez-vous déserté ?

« Le prévenu. J'avais laissé mon vieux père infirme, mon frère aîné atteint d'une violente maladie et mon petit frère encore hors d'état de gagner sa misérable vie ; il ne pouvait être utile aux autres. J'étais si tourmenté qu'il était impossible d'y tenir. Alors un matin, n'ayant pas dormi de la nuit, je suis parti pour le pays.

« Le président. Avez-vous emporté des effets appartenant à l'État?

« Le prévenu. Je suis parti comme je suis venu ; je n'avais pas encore reçu l'équipement militaire.

« Le président. Arrivé dans le pays, vous vous êtes caché. Comment avez-vous vécu? comment avez-vous pu être utile à vos parents?

« Le prévenu. Je me retirais toujours dans les campagnes et dans les vignes les plus reculées, offrant le travail de mes mains à qui voulait l'acheter; pendant l'été, je n'étais pas en peine, mais pendant l'hiver les moyens me manquaient. Alors j'ai inventé un système de pêche qui me mettait à même de prendre beaucoup de poisson. J'avais établi ma demeure dans une vieille barque, et toutes les fois que j'avais ramassé un peu d'argent, mon jeune frère venait le chercher pour soulager la famille. Souvent je le gardais avec moi pour lui apprendre à pêcher. Je m'étais aussi exercé au tir, et j'étais devenu chasseur assez habile. Mon frère me suivait et il allait dans les auberges vendre mon gibier, dont il apportait le prix à notre père, que j'allais voir de temps en temps pendant la nuit. Il était bien inquiet de me savoir dans cette position pour lui; je lui avais promis de me présenter dès que mon second frère serait en âge de travailler; c'est ce que j'ai fait. Oh! messieurs, j'ai eu bien du mal! »

Le défenseur de Pierre Huc fait valoir auprès du conseil les raisons qui ne permettent pas de confondre ce jeune homme avec les autres déserteurs. Il demande son acquittement.

Pierre Huc fut acquitté d'une voix unanime.

FIN

# TABLE DES MATIÈRES.

FIN DE LA TABLE DES MATIÈRES.

www.ingramcontent.com/pod-product-compliance
Ingram Content Group UK Ltd.
Pitfield, Milton Keynes, MK11 3LW, UK
UKHW031842260826
14628UKWH00002B/533

9 782012 960961